Sense.Lab e.V. (Hrsg.)

fair, bio, selbstbestimmt

Das Handbuch zur Gründung einer Food-Coop

Gefördert durch die Norddeutsche Stiftung für Umwelt und Entwicklung aus Erträgen der Lotterie *BINGO! Die Umweltlotterie.*

1. Auflage 2009

Herstellung und Verlag:
Books on Demand GmbH, Norderstedt

Herausgeber:
Sense.Lab e.V.
Ludwigstraße 20
18055 Rostock

E-Mail: info@senselab.org
Telefon: 0381 / 127 34 54
Webseite: ◉ www.food-coop-einstieg.de

ISBN: 9783839122389

Unser Dank gilt allen, die an der Realisierung
dieses Buches beteiligt waren.

Inhaltsverzeichnis

Inhaltsverzeichnis

1 ⦿ Einführung

1.1 Einleitung

Die Art und Weise unserer Ernährung ist einer der wichtigsten Einflussfaktoren auf unsere Gesundheit und unser Wohlbefinden. Dies betrifft nicht nur unsere Nahrung selbst, sondern auch die Bedingungen, unter denen diese Nahrung hergestellt wird. Die Vielzahl der Lebensmittelskandale und die massiven Umweltschäden, die durch konventionelle Landwirtschaft und industrielle Tierproduktion entstehen, wecken bei vielen Verbraucherinnen und Verbrauchern das Interesse an Lebensmitteln aus kontrolliert biologischem Anbau.

Eine Form, diese Nachfrage zu versorgen, ist der Zusammenschluss zu Lebensmittelkooperativen (im Folgenden kurz Food-Coops genannt). Diese Food-Coops sind ehrenamtlich organisierte Gemeinschaften, die kostengünstig ökologisch hergestellte Produkte aus der Region und fair gehandelte Waren aus Übersee beziehen. Die Interessierten schließen sich zusammen und organisieren selbständig den Ankauf, die Lagerung und die Verteilung der Lebensmittel. Dadurch ermöglichen sie die Verfügbarkeit qualitativ hochwertiger und ökologisch nachhaltiger Produkte auch und gerade in dezentral gelegenen Wohngebieten und für ökonomisch benachteiligte Personen.

Die selbstorganisierte Struktur einer Food-Coop orientiert sich beim Angebotsspektrum und den Arbeitsabläufen an den Interessen ihrer Mitglieder. Häufig werden Lieferbeziehungen zu regionalen Lebensmittelproduzenten aufgebaut, um die Umweltfolgekosten durch lange Transportwege zu minimieren. Dies trägt auch zur Stärkung der regionalen Wirtschaft bei und hält die anfallende Arbeit in der Region. Die sozialen Produktionsbedingungen spielen somit, neben der Umweltverträglichkeit, eine wichtige Rolle. Angestrebt wird ein faires Handelsmodell vom Erzeuger bis zu den Verbraucherinnen und Verbrauchern.

Bei der Gründung und dem Betrieb einer solchen Kooperative sind zahlreiche Hürden zu nehmen. Unsere Erfahrungen zeigen, dass die Zahl der Interessierten oft größer ist als die Versorgungskapazität der vorhandenen Lebensmittelkooperativen. Für die Gründung einer neuen Food-Coop ist einiges an Vorwissen notwendig, das bisher nicht in strukturierter, schriftlicher Form vorliegt. An diesem Punkt setzt der vorliegende Gründungsleitfaden an, indem er interessierte Menschen befähigt, eine Food-Coop zu gründen und erfolgreich zu führen. Damit soll einer breiten Bevölkerungsgruppe der Zugang zu ökologisch und fair produzierter und verteilter Nahrung ermöglicht werden.

1.2 Umgang mit dem Buch

Dieses Handbuch bietet eine Schritt-für-Schritt-Anleitung, die die Leserinnen und Leser in die Lage versetzt, am Ende eine neue Food-Coop reibungslos betreiben zu können.

Kernthema des Buches bildet die Organisation der anfallenden

Arbeiten. Anhand von Beispielen wird gezeigt, welche Aufgaben einzelne Gruppen haben und wie diese einfach und schnell erledigt werden können. Interne Entscheidungsfindungsprozesse auf hierarchiearmer, basisdemokratischer Ebene werden ebenso vorgestellt und diskutiert. Dazu wird über die erforderlichen Rahmenbedingungen, z.b. benötigte Räume und Utensilien, informiert. Der Durchlauf einzelner Nahrungsmittel durch die Food-Coop wird von der Bestellung über die Verteilung bis zur Leergutentsorgung anschaulich beschrieben. Ebenso wird das Einbringen selbst produzierter Waren skizziert.

Oftmals ungeliebte Aufgaben, wie die Finanzverwaltung und rechtliche Aspekte der Food-Coop, werden übersichtlich zusammengestellt. Im letzten Abschnitt werden dann weitere Informationsquellen zum Thema aufgezeigt und auf Vernetzungsmöglichkeiten, beispielsweise über die Bundesarbeitsgemeinschaft der Lebensmittelkooperativen und das Wiki Foodcoopedia, hingewiesen.

Das zweite Kapitel beleuchtet den Hintergrund und die Entstehung von Food-Coops und bietet einen Überlick zu den verschiedenen Formen. Kapitel Drei skizziert die Entstehung einer Food-Coop mit ihren Hürden und deren Überwindung. Beide Kapitel bieten einen schnellen Einstieg in das Thema. Das vierte Kapitel dient als Nachschlagewerk und kann ungeordnet gelesen werden - je nach aktueller Problemlage oder Wissensdurst. In diesem Kapitel stecken auch thematische Exkurse zu einigen Punkten, die wir für besonders wichtig halten.

1.3 Aufruf

Für ein gedrucktes Buch eher ungewöhnlich, rufen wir Sie an dieser Stelle zur weiteren Mitarbeit auf. Senden Sie uns Hinweise, Aktualisierungen, Ihre eigenen Erfahrungen mit der Gründung, weitere Kapitel und Anregungen! Wir werden Verbesserungen bei Foodcoopedia und über die Webseite zum Buch veröffentlichen. Und wer weiß, vielleicht gibt es bald eine neue gedruckte Auflage.

1.4 Unsere Motivation

Dieses Buch entstand im Rahmen eines Projektes des gemeinnützigen Vereins Sense.Lab e.V., dessen Wirken auf Kooperation, Toleranz, Weltoffenheit und ökologische Nachhaltigkeit zielt. Wir sind eine Gruppe von engagierten jungen Menschen, die mit ihrer Arbeit die Welt ein Stück lebenswerter gestalten wollen. Im Rahmen von Sense.Lab e.V. studieren und erarbeiten wir progressive, beteiligungsorientierte Alternativen zu herkömmlichen gesellschaftlichen Prozessen und fördern deren konkrete Umsetzung. Dazu nutzen wir verschiedene Methoden, die von wissenschaftlicher Analyse über weiterbildende Seminare und Öffentlichkeitsarbeit, bis zur Herstellung von direkt nutzbaren Werkzeugen und Methoden reichen. Dieses Buch kann als ein solches Werkzeug betrachtet werden. Es bietet die nötigen Informationen, Kenntnisse und Anregungen, um die Gründung einer Food-Coop einfach und übersichtlich zu gestalten.

Viel Spaß beim Lesen und Erfahrungen sammeln, wünschen Ihnen die Autorinnen und Autoren!

2 ⋮ Arten & Bedeutung von Food-Coops

2.1 Vielfältige Food-Coops

Unter dem Begriff Food-Coop versammeln sich eine ganze Reihe von verschiedenen Organisationsformen. Selbstversorger-Kooperative, Lebensmittel-, Verbraucher- oder Einkaufsgemeinschaft, Mitgliederladen, Erzeuger-Verbraucher-Gemeinschaft, Community Supported Agriculture, . . . - all diese Varianten setzen verschiedene Schwerpunkte, aber selten gibt es scharfe Abgrenzungen zwischen ihnen. Genauso unterschiedlich wie die Bedürfnisse der Menschen, die sich in Food-Coops organisieren, sind auch die einzelnen Food-Coops selbst.

Einige Grundsätze und Ziele sind jedoch mehr oder weniger stark in allen Food-Coops ausgeprägt. Sie entstammen den sozialen Bewegungen, aus denen auch Tauschringe, Wohnprojekte und andere solidarische Gemeinschaften hervorgingen. So spielt die Idee von kooperativen Lebensgemeinschaften als Alternative zum Konkurrenzdenken eine wichtige Rolle. Food-Coops sind freiwillige, kooperative Zusammenschlüsse, in denen alle Mitglieder eine Stimme haben, ähnlich einer Genossenschaft. Durch diese Organisationsform stellen Food-Coops nicht nur eine praktische und günstige Einkaufsmöglichkeit dar, sondern sind Orte eines weiter gehenden sozialen Austausches und ein Basar für Neuigkeiten und Informationen. Dadurch bilden Food-Coops einen Gegensatz zu profitorientierten Unternehmen, bei denen die Kundinnen und Kunden letztlich nur notwendiges Mittel zum Zweck sind.

2.2 Hintergrund & Bedeutung

Was bringt Menschen nun dazu, sich in Food-Coops zu engagieren? Betrachten wir die Frage einmal aus individueller, ökologischer und gesellschaftlicher Sicht. Food-Coops ermöglichen den beteiligten Menschen, günstige und nach bestimmten Kriterien hergestellte und verteilte Nahrungsmittel zu beziehen. Typische Kriterien sind dabei die ökologische und soziale Nachhaltigkeit der Waren.

Viele Food-Coop-Mitglieder legen nicht nur persönlich Wert auf biologische Ernährung, sondern wollen insgesamt eine Produktionsweise fördern, die auf die Erhaltung des gesamten Ökosystems abzielt. Darum wollen sie den Einsatz von Pestiziden und Düngemitteln verringern und biologischen und regionalen Landbau fördern, da durch kurze Transportwege die Umweltbelastung weiter verringert wird.

Food-Coops sind Abnehmer für regional hergestellte Nahrung und stärken damit die regionale Landwirtschaft, die meist in kleineren Höfen organisiert ist. Dadurch können sie ein Gegengewicht zum Preisdruck des Großhandels bilden. Durch die Beziehungen zu regionalen Produzenten können die Mitglieder außerdem saisonale Besonderheiten im Angebot und darüber hinaus den Herstellungsprozess ihrer Lebensmittel genauer kennenlernen.

Durch den direkten Bezug beim Großhändler oder Erzeuger in der Region sind die Produkte preisgünstiger als im Einzelhandel. So wird der Zugang zu gesunder Nahrung gerade auch für einkommensschwache Schichten erleichtert.

Food-Coop-Beteiligte wollen in der Regel selbst Einfluss auf Prozesse, Angebot und Struktur der Food-Coop nehmen. Durch eine demokratische Organisation ist dies möglich. Somit ist eine Food-Coop Veränderungen gegenüber offener als z.b. eine klassische Firma.

Gesamtgesellschaftlich spielen Food-Coops eine wissensvermittelnde Rolle. Verbraucherinnen und Verbraucher werden sensibilisiert und auf Freunde, Bekannte und Neugierige wird durch Vorbildfunktion eingegangen. Jede Food-Coop versorgt also nicht nur ihre Mitglieder, sondern kann gleichzeitig auch Bildungsträger sein. Durch Zusammenarbeit (z.b. über die Bundesarbeitsgemeinschaft der Food-Coops) kommt es zu Wissenstransfers und Synergieeffekten. Dieses Wissen ist von Vorteil für viele Entscheidungen hin zu einer nachhaltigeren, kreislauforientierten Lebensweise.

2.3 Geschichte

Ende der 70er bis Anfang der 80er Jahre des 20. Jahrhunderts waren die Möglichkeiten, an biologisch erzeugte Produkte zu gelangen, noch sehr begrenzt. Das traf insbesondere auf den ländlichen Raum zu, wo der Einkauf von kontrolliert biologisch angebauter Ware fast unmöglich war. Aber auch in vielen

Städten war das Angebot noch sehr klein. Dies war für viele Menschen Motivation genug, sich die Mühe zu machen, selbst die Organisation der Warenbeschaffung zu übernehmen. Dabei spielte der Bezug von Lebensmitteln direkt von den Erzeugern in den meisten Fällen die gleiche Rolle, wie der vom Großhändler.

Der Blüte der Food-Coops folgte der Boom der Naturkostläden. Für viele Menschen ging damit der Sinn einer Lebensmittelkooperative verloren, denn im Naturkostladen war die Ware meist einfacher zu bekommen. Tatsächlich verschwanden in der ersten Hälfte der 80er Jahre viele Kooperativen wieder. Andere, die eher politisch motiviert waren, festigten ihre Strukturen und zeigten hohe Kontinuität.

In ganz West-Deutschland gab es Lebensmittelkooperativen. 1985 wurde ihre Zahl auf 300-500 geschätzt. Manche regionale Großhändler setzten weit mehr als die Hälfte ihres Umsatzes über Food-Coops ab. Seit Mitte der 80er Jahre und der Sättigung des Bioladenmarktes wuchsen in der Naturkostszene die Widerstände gegen Food-Coops, da sie diese als zunehmende Konkurrenz wahrnahmen. Über die Jahre wurde der Einkauf von Großhandelsware immer schwieriger, weil die Großhändler lieber Bioläden bedienten. Viele Kooperativen sind unter dem wachsenden Druck verschwunden. Aber einige haben sich mit Einsatz und Phantasie eine Nische gesucht, in der sie überleben konnten. Seit einiger Zeit jedoch ist wieder ein starkes Interesse an Food-Coops zu verzeichnen, nicht zuletzt aufgrund der zunehmenden Lebensmittelskandale und dem Wunsch nach „sauberem" Essen.

2.4 Arten von Food-Coops

Bestell-Food-Coops

Die Bestell-Food-Coop ist wohl der schnellste und unkomplizierteste Weg einer ökologisch orientierten Einkaufsgemeinschaft. Viele der aktiven Food-Coops haben in kleiner Runde mit wenigen Menschen als Bestell-Food-Coop angefangen. Dabei werden Bestellungen gesammelt und dann unter einem Namen aufgegeben. Für Grundnahrungsmittel eignet sich ein wöchentlicher Rhythmus. Andere Waren, wie Tee oder Trockenfrüchte werden nach Bedarf bestellt. Bestellungen können an Großhändler gehen oder direkt an Bauern und Kleingärtner um die Ecke. Nach Lieferung wird die Ware unter den Teilnehmenden aufgeteilt und verrechnet. Der organisatorische Aufwand und der Bedarf an Lagerflächen hält sich bei dieser Form in Grenzen. Dieses Modell eignet sich hervorragend für Wohn- und kleinere Hausgemeinschaften.

Lager-Food-Coops

Mit wachsendem Bestellumfang und vermehrter Anzahl der Lieferanten wird es allerdings schwieriger, einen guten Überblick zu behalten und es können Überlegungen aufkommen, zu einer anderen Food-Coop-Variante zu wechseln. Eine Lager-Food-Coop hat - wie es der Name bereits andeutet - ein eigenes Lager zur Verfügung. Bestellungen können dann direkt in die zur Verfügung stehenden Räumlichkeiten geliefert und für eine gewisse Zeit dort gelagert werden. Die dadurch mögliche Vorratshaltung kommt den Mindestabnahmemengen vieler Lieferanten entgegen, da große Bestellmengen möglich sind. Als Nachteil kann angeführt werden, dass länger eingelagerte Ware natürlich auch schlecht werden kann und es somit zu Schwund kommt. Bestellungen brauchen hier nicht mehr nur wochenweise erfolgen, sondern werden abhängig vom vorhandenen Bestand getätigt. Alle anfallenden Arbeiten, wie Sammelbestellungen aufgeben, Waren annehmen und in die Regale räumen, Finanzverwaltung, Reinigung der Lagerräume, etc. werden unter den Mitgliedern aufgeteilt. Während bei Bestell-Food-Coops keine Spontaneinkäufe außerhalb des Bestellrhythmus möglich sind, kann in Lager-Food-Coops jederzeit etwas den Regalen entnommen werden. Gleichzeitig wird der Laden oder das Lager zum sozialen Treffpunkt, in dem auch selbst gemachte Marmelade o.ä. angeboten werden kann. Da die Räumlichkeiten meist allen Mitgliedern offen stehen, sind Lager-Food-Coops für überschaubare Personenkreise mit vertrauensvoller Atmosphäre gut geeignet.

Mitgliederläden / Laden-Food-Coops

Wenn der Personenkreis unüberschaubar groß wird und stark fluktuiert, ist vom gemeinsamen Lager auf Vertrauensbasis abzuraten. Hier könnte eine Laden-Food-Coop oder auch ein Mitgliederladen besser funktionieren. Die Mitglieder kaufen wie gewöhnlich ein, zahlen daneben einen Mitgliedsbeitrag und können sich in grundlegende Entscheidungen einbringen. Die Beiträge werden mit den Raummieten und sonstigen anfallenden Kosten, wie Strom und auch Löhnen für Angestellte, verrechnet. Ein kleinerer Personenkreis kümmert sich um den Kernbereich der Food-Coop, also u.a. Bestellungen, Verkauf und

Verwaltung. Der Unterschied zu klassischen Einkaufsläden besteht darin, dass das unternehmerische Risiko aufgeteilt, umsatzunabhängiges Wirtschaften gefördert wird und prinzipiell jedes Mitglied sich auch „hinter der Ladentheke" engagieren kann. Für viele Menschen mit zeitintensiver Arbeitswoche bildet die Freistellung von Arbeiten im Mitgliederladen die einzige Möglichkeit, an einer Food-Coop teilzuhaben.

Erzeuger-Verbraucher-Gemeinschaften

Während viele Food-Coops sich auf die Bestellung und Verteilung von Lebensmitteln konzentrieren, gibt es eine zunehmende Tendenz zu einer engeren Zusammenarbeit mit den Erzeugern der Nahrung: die Erzeuger-Verbraucher-Gemeinschaften. Die Erzeuger der Nahrungsmittel produzieren hier direkt für die Abnahme in Food-Coops. Die dadurch eingegangene langfristige Beziehung schützt beide Seiten vor Marktschwankungen und ermöglicht Planungssicherheit. Kosten für Vermarktung und Zwischenhandel können dadurch reduziert bzw. abgeschafft werden, was dem Endpreis der Ware zugute kommt.

Mischformen & Wandel

Die meisten Food-Coops sind allerdings nicht klar eingrenzbar. Häufig fängt eine kleine Runde als Bestell-Food-Coop an und entwickelt sich mit der Zeit zu einer der oben beschriebenen Formen. Oder es bildet sich eine, den individuellen Ansprüchen und Gegebenheiten angepasste Food-Coop mit eigenen Schwerpunkten. Diese evolutionäre Entwicklung kann als elementares Prinzip betrachtet werden. Durch ständige Verhandelbarkeit bleibt eine Food-Coop flexibel und kann so den Anforderungen ihrer Mitglieder gerecht werden. In diesem Sinne ist auch die Aufspaltung einer existierenden Food-Coop nicht ungewöhnlich. Beispielsweise wenn sich die Interessen und Bedürfnisse der Mitglieder durch veränderte Lebenssituationen im Laufe der Zeit verändert haben, oder die Food-Coop einfach zu groß wurde, um auf die gewünschte Art weiter geführt zu werden.

2.5 Unterschied zu Bioläden

Bei einigen beschriebenen Food-Coops stellt sich die Frage, was an ihnen anders ist, als an Bioläden, Reformhäusern oder Bioabteilungen der Discounter. Die Zielgruppen sind auf den ersten Blick ähnlich, in einigen Punkten aber auch sehr verschieden. Der Beteiligungscharakter in Food-Coops ist ein herausragendes Alleinstellungsmerkmal und ein wichtiges Argument vieler Food-Coop-Mitglieder. Während die Bioläden zwar der Verbreitung von biologischen Lebensmitteln dienen, haben die Kundinnen und Kunden keine nennenswerte Mitbestimmungsmöglichkeit. Beteiligungen sind, wenn überhaupt, nur zum Zwecke der Kundenbindung erwünscht. Meist sind es Umfrageaktionen, Straßenfeste oder Sonderaktionen mit Jahrmarktcharakter, die langfristig den Umsatz des entsprechenden Geschäftes steigern sollen.

Stehen Bioläden und Food-Coops bei überlappenden Zielgruppen nicht sogar in Konkurrenz zueinander? In dieser marktwirtschaftlichen Betrachtungsweise drückt sich die Angst um geringer werdende Marktanteile aus. Diese Frage stellt sich aus

Sicht der Food-Coop aber nicht, da sie nicht nach konkurrenzgestützten Vorstellungen agiert. Sie geht ja gerade davon aus, dass es Menschen in unserer Gesellschaft umso besser geht, je mehr sie sich nach dem Food-Coop-Prinzip kooperativ mit Nahrungsmitteln versorgen. Ziel ist also nicht Marktdominanz, sondern die Umstellung der Produktionsweise und die Art der Verteilung. Aber selbst aus Sicht heutiger Bioladenbetreiber kann die Frage verneint werden. Zum Einen sind die aktuellen Umsätze (2009) der Food-Coops verglichen mit kommerziellem Handel von Biowaren verschwindend gering. Andererseits sichern Food-Coops meist nur die Grundversorgung der Mitglieder. Darüber hinaus befriedigen die Mitglieder ihre Bedürfnisse und Wünsche durch zusätzliche Einkäufe z.B. in Bioläden. Durch ihre Außenwirkung und den Bildungsanspruch vieler Food-Coops machen sie sogar direkte Werbung für ökologische Produkte und kommen somit auch Bioläden und anderen Geschäften zugute.

3 ⦂ Eine Food-Coop entsteht

Im vorherigen Kapitel wurde kurz die Vielfalt existierender Food-Coops beschrieben. Im Folgenden geben wir einen Überblick über die grundlegende Vorgehensweise einer Bestell-Food-Coop.

3.1 Gruppenfindung

Die Gründung einer Food-Coop beginnt meist mit einer Gruppe interessierter Menschen, die ihre Nahrungsmittelversorgung ändern möchte. In dieser Phase ist es besonders wichtig, sich über die gemeinsamen Bedürfnisse in Bezug auf die zu bestellenden Waren auszutauschen. Dabei ergeben sich eine Reihe offener Fragen: Nach welchen Anbaukriterien sollen die Lebensmittel erzeugt worden sein? Spielen Fleisch- und Milchprodukte eine Rolle? Wie viel Wert wird auf regionale Waren gelegt? Werden im Winter z.B. auch Südfrüchte bestellt? Wie sieht es mit Genussmitteln wie Kaffee und Schokolade aus?

Daneben stellen sich noch einige organisatorische Fragen: Wie werden Lieferanten gefunden? Gibt es Interesse an intensiven Kontakten zu den landwirtschaftlichen Produzenten? Sollen eigene Produkte wie Marmelade o.ä. angeboten werden? In welchem finanziellen Rahmen kann bestellt werden? Wie groß ist die Mindestbestellmenge bei den jeweiligen Lieferanten? Wird die kurze Haltbarkeit von einigen Lebensmitteln eventuell kritisch? Gibt es Räumlichkeiten für gemeinsame Treffen und Lagerung der Ware? Sind Regale, Kühlschrank, Waage etc. vorhanden? Ist die Gruppe offen für andere Interessierte?

Wichtig sind auch einige Fragen, die sich jedes Mitglied selbst stellen sollte: Haben Sie Energie und Interesse daran, einen Laden selbstorganisiert in Kooperation mit mehreren Menschen aufzubauen? Wie viel Zeit können und wollen Sie in die Food-Coop einbringen? Kaufen Sie Nahrungsmittel eher spontan ein oder planen Sie im Voraus? Wie wichtig ist Ihnen gesunde Ernährung? Wie viel Geld möchten Sie für die Lebensmittel der Food-Coop ausgeben? Haben Sie Ideale, die Sie in der Food-Coop verwirklichen möchten? Lassen sich anstehende Probleme in einer vertrauensvollen Umgebung besprechen? Macht Ihnen die Zusammenarbeit mit anderen Menschen Spaß?

Diese verkürzten Fragen lassen sich selbstverständlich nicht abschließend beantworten. Bei intensiver Beschäftigung mit ihnen und vor allem auch während des laufenden Betriebs einer Food-Coop entstehen zudem viele weitere Fragen. Gerade bei der Gründung einer Food-Coop mit einem neuen Personenkreis ist es deshalb wichtig, diesen Fragen auch entsprechend Raum zu geben. Der Austausch zu den relevanten Themen und die sicherlich daraus entstehenden Diskussionen führen zu einer vertrauensvollen und gefestigten Gruppe, erleichtern spätere Entscheidungsprozesse insbesondere in Krisensituationen und schärfen nebenbei den Blick auf die eigenen Lebensverhältnisse. Gerade Offenheit und Transparenz in der Gruppe schaffen die stabile Basis um das langfristige Gelingen einer selbstorganisierten Lebensmittelversorgung zu sichern.

3.2 Lieferantenrecherche

Beim Discounter an der Ecke zu bestellen, kommt natürlich nicht in Frage. Eine umfangreiche Recherche nach geeigneten Anbietern sollte der erste Schritt sein. Die meisten Biolandwirte und viele Verarbeitungsbetriebe in Deutschland sind in Verbänden des ökologischen Landbaus organisiert. Die biologischen Anbauverbände haben, zum Teil schon vor Jahrzehnten, Verbands- und Warenzeichen eintragen und rechtlich schützen lassen. Ein Verzeichnis von Anbauverbänden finden Sie im Anhang des Buches.

Bei den jeweiligen Verbänden bekommen Sie eine Liste mit den Bauernhöfen aus Ihrer Nähe, mit denen Sie dann direkt in Kontakt treten können. Zudem gibt es die Möglichkeit, im Internet nach Lieferanten zu suchen. Sehr informativ ist dafür Foodcoopedia, eine Informationsseite rund um Food-Coops, die jede Menge Lieferanten unter verschiedenen Kategorien aufzeigt. Falls Sie bei Ihrer Recherche weitere Lieferanten finden oder feststellen, dass Einträge veraltet sind, dann ändern Sie das am besten gleich im Foodcoopedia-Wiki. So haben andere Suchende auch etwas

Foodcoopedia ist ein Informationssammelbecken für Food-Coops. Bestehende Food-Coops, jede Menge Lieferanten, Hilfestellungen zur Gründung und Links zu der Interessenvertretung von Food-Coops sind hier zu finden. Es funktioniert wie Wikipedia. Sie können also aktiv auf den Seiten mitwirken, sie ergänzen, korrigieren oder kommentieren.🌐 `www.coops.bombina.net/wiki/Hauptseite`

davon.

Ebenso ist es möglich, einfach auf dem Biomarkt in Ihrem Ort bei den unterschiedlichen Anbietern nachzufragen. Diese kommen hauptsächlich aus der Region und beliefern teilweise auch kleine Bioläden in Ihrer Stadt.

Neben dem direkten Bezug von Bioprodukten von regionalen Bauernhöfen gibt es auch die Option, bei Großlieferanten zu bestellen. Eben diese vertreiben biologische Produkte bundesweit und beliefern alle großen Bioläden. Einige Großlieferanten haben jedoch einen so hohen Mindestbestellwert, dass sie für kleine Gruppen nicht in Frage kommen. Die Kontaktdaten für die Großlieferanten finden Sie ebenfalls bei Foodcoopedia.

Der Begriff Gebindegröße beschreibt die Größe der Verpackungseinheit eines Produktes. Salat wird z.B. in einer Kiste verpackt, damit er den Transport unbeschadet übersteht. Der Lieferant verkauft deshalb immer nur ganze Kisten mit Salat. Wenn in einer Kiste z.B. immer acht Salate liegen, dann ist die Gebindegröße acht. Die Food-Coop kann nur Vielfache der Gebindegröße bestellen, also in diesem Beispiel acht Salate, sechzehn, vierundzwanzig, usw.

Für die Recherche sind folgende Punkte interessant: Entspricht das Angebot des jeweiligen Lieferanten Ihren Kriterien? Wie kurzfristig und wohin kann geliefert werden? Dies ist besonders interessant, wenn anfangs noch kein Lager vorhanden ist, da die Lieferung im schlimmsten Fall einfach vor die Tür gestellt wird. Wie läuft der Bestell- und Abrechnungsvorgang ab? Weiterhin sind der Mindestbestellwert und die Gebindegrößen der jeweiligen Produkte wichtig. Danach werden Sie zu Beginn Ihre Bestellungen ausrichten müssen. Letztendlich ist es sinnvoll, vor der ersten Bestellrunde persönlichen Kontakt zu allen Lieferanten aufzubauen, sofern er nicht schon besteht. Hierbei können noch individuelle Anliegen besprochen werden.

3.3 Die erste Bestellung

Nach den Vorbereitungen rückt die erste große Bestellung näher. Hierfür liegen Ihnen die Angebote der Lieferanten und die entsprechenden Bestellformulare vor. Alle Warenwünsche werden zusammengetragen und die Bestellungen aufgegeben. Am vereinbarten Liefertermin wird die Ware dann angenommen und zwischengelagert. Alle Beteiligten können sich ihre Bestellung dann nach und nach abholen oder vereinbaren dazu ein gemeinsames Treffen. Dann kann auch gleich die Bezahlung aufgeteilt und im Idealfall eine neue Bestellung aufgegeben werden. Der Rhythmus beginnt anschließend erneut. Für Grundnahrungsmittel hat sich ein Wochenrhythmus bewährt, lagerfähige Trockenwaren o.ä. können auch monatlich bestellt werden. Mit der Zeit sammeln Sie Erfahrungen mit den Lieferanten, deren Ware, vergessenen Bestellungen, der Zahlungsmoral der Beteiligten, der Zwischenlagerung und und und . . . - Ihre Food-Coop läuft. Herzlichen Glückwunsch!

Waren in Bestellliste eintragen.

Mitglieder — bis Montag Mittag

Bestellung zusammenstellen und an die Lieferanten senden.

Bestellgruppe — Montag Abend

Anlieferung der Waren.

Lieferanten — Mittwoch Vormittag

Entgegennahme der Waren.
Abstellen der Waren im Lager.

Warenannahme — Mittwoch Vormittag

Veteilen der Waren auf die Warenkisten der Mitglieder und auf den freien Verkaufsbereich.

Packdienst — Mittwoch Nachmittag

Entnahme der bestellten Waren aus den Warenkisten.
Auswahl frei verkaufbarer Waren.

Mitglieder — Mittwoch Abend/ Donnerstag

Warenfluss in einer Bestell-Food-Coop

3.4 Die Food-Coop wächst

Der Einstieg in das Food-Coop-Leben ist gelungen, Sie haben sich mit Ihren Mitstreiterinnen und Mitstreitern in die Abläufe eingefunden. Während die ersten Schritte zur Routine wurden, sind aus den gewonnenen Erfahrungen bestimmt einige Ansprüche erwachsen, die es vorher nicht gab. Gleichzeitig sind eventuell mehr Interessierte dazu gestoßen, und die logistischen Anforderungen sind entsprechend gestiegen. Langsam entwickelt sich aus den Anfängen eine größere Food-Coop mit eigenen Räumlichkeiten. Um diesen Übergang zu unterstützen, stellen wir in diesem Buch eine konkrete mit ca. 80 Teilnehmenden erprobte Variante vor. Sie ist bei weitem nicht perfekt, hat aber ihre Praxistauglichkeit unter Beweis gestellt.

Das nachfolgende Kapitel Vier bietet einen Überblick über die Funktionsweise und die wesentlichen Abläufe unseres Food-Coop-Modells. Dabei ist es unser Anliegen, ein Verständnis der grundlegenden Prozesse zu vermitteln. Wir werden hier deshalb einmal einem Mitglied dieser gewachsenen Food-Coop bei seinen üblichen Abläufen über die Schulter schauen.

3.5 Der Einkauf

Heute ist wieder der wöchentliche Einkaufstag in der Food-Coop. Unser Mitglied, nennen wir sie Alice, macht sich auf den Weg zu den gemieteten Räumen der Gruppe. Dort angekommen ordnet sie ihre leeren Pfandflaschen in die jeweiligen Pfandkästen und schaut nach ihrer Kiste mit der gelieferten Frischware. Diese wurde von der Packgruppe bereits, entsprechend ihrer in der vorigen Woche getätigten Bestellung, abholbereit zusammengestellt. Nachdem sie die ganzen Waren verstaut hat, schneidet sich Alice an der Käsetheke von ihrer Lieblingssorte ein großes Stück ab, wiegt es, und schreibt den Preis in den Abrechnungszettel, der an ihrer Kiste hing. Auf diesem Zettel hat die Packgruppe zuvor bereits die gelieferte Ware geschrieben und deren Preis berechnet.

Alice schaut sich dann noch an, was an frischem Obst und Gemüse zuviel geliefert wurde und packt sich einige Kirschen ein. Die Kirschen hat sie zwar nicht bestellt, aber oft wird von der Bestellgruppe beim Lieferanten etwas mehr bestellt, um die vorgegebene Gebindegröße zu erreichen. Wie erwartet haben die überschüssigen Kirschen schnell ihre Abnehmerinnen und Abnehmer gefunden. Nachdem Alice nun auch noch einige Marmeladen und ein Duschbad aus dem Trockenwarenregal eingepackt hat, geht sie zu der Bestellliste für die nächste Woche und trägt dort ihre gewünschte Frischware ein. Die Produktpalette reicht von Obst und Gemüse über Brot und Kuchen bis zur Milch und Joghurt. Diese Produkte wird sie dann in der nächsten Woche in ihrer Kiste vorfinden.

Jetzt fällt ihr ein, dass bald wieder die Trockenwarenbestellung ansteht und trägt deshalb in der entsprechenden Liste noch einige Packungen Cornflakes ein. Hier fällt ihr ein neuer Katalog auf, in dem Kinderspielzeug aus Holz verkauft wird. Spontan fügt sie auch noch ein kleines Holzpuzzle zur Bestellung hinzu, vielleicht finden sich bei diesem Anbieter noch rechtzeitig genug andere Interessierte, um den Mindestbestellwert zu erreichen. Wenn sie jetzt zur Abrechnung geht, dann kann sie ja Bob einmal fragen, der hat doch auch ein Kind.

Die Abrechnung fand Alice zu Beginn immer etwas mühselig,

aber jetzt geht sie ihr recht schnell von der Hand. Zuerst summiert sie die Preise ihrer eingekauften Produkte dieser Woche. Dann nimmt sie sich den Ordner aus dem Regal, in dem alle Mitglieder ihr Kontoblatt haben. Auf diesem Zettel zieht sie den eben ausgerechneten Betrag von ihrem Guthabenkonto ab und sieht, dass sie wieder etwas Geld auf das Girokonto der Food-Coop überweisen muss, um beim nächsten Einkauf nicht ins Minus zu rutschen. Das war es schon fast. Auf dem Weg nach draußen wirft sie noch einen Blick auf die Pinnwand und stellt dort fest, dass ihre Arbeitsgruppe in der nächsten Woche wieder mit dem Einsortieren der frisch gelieferten Ware dran ist. Zum nächsten Einkaufstag muss sie also schon zwei Stunden früher kommen.

Nachdem uns Alice sehr anschaulich durch einen Einkaufstag geführt hat, folgt nun eine systematische Betrachtung der einzelnen Bereiche einer Food-Coop. Auf diese Weise kann die Komplexität, die eine große Food-Coop mit sich bringt, verständlich nachvollzogen werden.

Alice kann bei der Food-Coop Trocken- und Frischware beziehen. Frischwaren sind all die Lebensmittel des täglichen Gebrauchs, die eine geringe Haltbarkeit aufweisen, also Obst, Gemüse, Backwaren und Milchprodukte. Zu Trockenwaren zählen alle lagerfähigen Lebensmittel, z.B. Nudeln, Konserven, Gewürze, Kaffee, Kosmetik- und Reinigungsartikel.

4 ⦂ Wie eine Food-Coop funktioniert

Die folgenden Unterkapitel sind thematisch aufgeteilt und bauen nicht aufeinander auf. Sie können sowohl nacheinander, als auch entsprechend konkreter Fragen zu einzelnen Themen gelesen werden. Weiterführende Gedanken und Themen sind in Exkursen geschrieben und optisch vom restlichen Text abgehoben. Dies soll Ihnen einen schnellen Einstieg in Detailfragen ermöglichen.

Alle Beschreibungen beziehen sich auf eine Food-Coop mit 60 bis 80 Personen. Darauf beziehen sich insbesondere die Zeitangaben.

4.1 Räumlichkeiten

Außenstehende nehmen eine neue Food-Coop am deutlichsten über die genutzten Räume wahr. Diese sind meist Lager, Lieferort und zentraler Treffpunkt in einem. Während eine kleine, frisch gegründete Food-Coop noch gut in der WG-Küche Platz findet, braucht eine größere Food-Coop Räume, in denen Waren angenommen und gelagert werden können und die zusätzlich noch Treffpunkt der Mitglieder sind. Die beste Wahl dafür hängt sehr stark von den vorliegenden lokalen Gegebenheiten und wie so oft auch von den finanziellen Möglichkeiten der Mitglieder ab. Im Folgenden stellen wir grundlegende Anforderungen dar und zeigen Möglichkeiten der Raumaufteilung und Zugangsberechtigung.

4.1.1 Anforderungen an die Räumlichkeiten

Die Ernährung ist ein zentrales Element in unserem Leben, dies zeigt sich auch bei den Orten an denen Menschen sich mit Nahrungsmitteln versorgen. Diese (z.b. Märkte) bilden Zentren der Städte, Gemeinden oder Ortschaften. Auch Food-Coops sollten zentral gelegen sein. Damit ist allerdings nicht die teuerste Ecke der Stadt gemeint, sondern der Lebensmittelpunkt der Mitglieder. So gibt es z.b. eine Food-Coop an der Technischen Universität Berlin direkt in den Räumen der TU. Da die Studierenden die TU regelmäßig besuchen, sie sozusagen zu ihrem temporären Lebensmittelpunkt wird, ist es geradezu konsequent, dort eine Food-Coop einzurichten. Das Ergebnis ist eine seit Jahrzehnten rege genutzte Food-Coop. Auffällig ist hier die starke Fluktuation der Mitglieder, die direkt mit den Immatrikulationen zusammenhängt.

Günstige Erreichbarkeit, gerade mit Nahverkehrsmitteln, spielt eine wichtige Rolle bei der Auswahl der Räumlichkeiten. Falls viele Food-Coop-Mitglieder mit dem Fahrrad kommen, sollten ausreichend Stellmöglichkeiten eingeplant werden. In der Nähe sollten auch Haltemöglichkeiten für die Lkws der Lieferanten vorhanden sein. Das entscheidende Kriterium für oder gegen Räume ist der vorhandene Platz für die Erfordernisse der Food-Coop. Die benötigte Fläche hängt stark von der Mitgliederanzahl, der Art der bestellten Waren und der internen Organisation ab. Ein barrierefreier Zugang zu den Räumen ist nicht nur für Rollstuhlfahrerinnen und -fahrer erforderlich. Auch die Rollwagen, auf denen die Lieferanten ihre gestapelten Kisten mit der Ware anliefern, lassen sich leichter manövrieren, wenn keine Schwellen oder Treppenstufen im Weg und die Türen ausreichend breit sind.

In mindestens einem der Räume wird ein Wasseranschluss und Waschbecken für Reinigungszwecke benötigt. Sanitäranlagen sind praktisch, aber gerade bei kleineren Food-Coops geht es erstmal auch ohne. Für Bestellungen und Absprachen sind Telefon-, Fax- und Internetanschluss unentbehrlich. Zusätzlich ist ein Stromanschluss erforderlich, ohne den eine Food-Coop heutzutage nur schwer vorstellbar ist. Wenn Sie für den Betrieb von Licht, Kühlschrank, Computer, Telefon, Fax, elektronischer Waage oder Musik kein eigenes Windkraftrad aufstellen möchten, finden Sie in der Infobox zum Thema Strom weitere Tipps.

> Auf ökologisch vertretbare Weise aus erneuerbaren Energiequellen erzeugten Strom können Sie mittlerweile von einigen Anbietern beziehen, z.B. Greenpeace energy, Elektrizitätswerke Schönau, Naturstrom oder Lichtblick. Inzwischen sind die Preisunterschiede zu konventionellen Anbietern sehr klein geworden. Achten Sie jedoch darauf, dass einige Stromkonzerne unter dem Deckmantel des „Renewable Energy Certificate System" (RECS) Ökostrom anbieten, der keiner ist!

Ein wichtiger Punkt, der bei den Räumen neben allen Nützlichkeiten gern übersehen wird, ist die Gemütlichkeit. Wenn die Räume der Food-Coop nicht einladend wirken, wird das insgesamt keinen positiven Einfluss auf die Food-Coop haben. Also denken Sie ab und zu darüber nach, ob Sie gerne in die Räume kommen und falls nicht, was sich ändern müsste. Denn in erster Linie soll die Food-Coop ja auch Spaß machen.

4.1.2 Raumaufteilung

Wie die Food-Coop räumlich ausgestaltet wird, richtet sich nach den Nutzungsgewohnheiten und den zur Verfügung stehenden Räumen. Hier geben wir Anregungen für die Nutzung der Räumlichkeiten.

Lagerbereich

o kühler trockener Raum
o Regale zum platzsparenden Lagern, Übersichtlichkeit, gute Erreichbarkeit einzelner Waren

Lieferbereich

o geschützter Bereich (z.B. Hinterhof) für Lieferanten
o dort stehen die Rollwagen mit dem Leergut zur Abholung durch Lieferanten bereit
o dort stellen Lieferanten die gelieferten Waren ab

Einkaufsbereich

o Auslagebereich für Frisch- und Trockenwaren
o Arbeitsbereich für Waage, Zuschnitt / Portionierung und Verpackung
o Platz für Spüle und Kühlschränke

Bestellbereich

o hier hängen Listen, Kataloge und Infos zur Bestellung aus

o sollte so beschaffen sein, dass auch mehrere Personen gleichzeitig und schnell bestellen können

Treffpunkt

o Tische und Stühle, an denen mehrere Personen gleichzeitig arbeiten können

o Platz für Infomaterial, Pinnwände

o Regale für Ordner, Arbeitsgeräte

o Spielecke mit Spielzeug für Kinder (in Sichtweite einplanen)

Arbeitsbereich

o zum Packen der Kisten der Mitglieder

o Lagerbereich für Kisten in Regalen

o mehrere Arbeitsflächen

o Platz zur Zwischenablage der Lieferantenkisten

4.1.3 Zugang

Die Räume der Food-Coop sollten für alle Mitglieder jederzeit offen stehen. Ein verschlossenes Chefbüro verbietet sich von selbst. Hierfür gibt es mehrere Möglichkeiten. Die aufwändigste ist, einen Schlüssel an alle Mitglieder zu verteilen. Hier muss für jedes neue Mitglied ein Schlüssel nachgemacht werden. Ein Austausch des Schlosses wird damit unbezahlbar. Günstiger ist es, elektronische oder mechanische Zahlenschlösser zu verwenden. Bei vielen Modellen lässt sich die Kombination leicht wechseln, was dann natürlich allen Mitgliedern rechtzeitig mitgeteilt werden muss.

Eine weitere Variante ist ein Schlüsselschrank direkt bei der Food-Coop, in dem alle Schlüssel hängen, der wiederum durch ein Zahlenschloss abgesichert ist. Hier ist der Vorteil, dass die Türschlösser nicht gewechselt werden müssen, nur wenige Schlüssel gebraucht werden und trotzdem alle Mitglieder Zugang zu den Räumen haben.

Für die Lieferanten ist ein freier Zugang ebenfalls sinnvoll (siehe Seite 58). Bestenfalls lässt sich ein Raum gesondert öffnen, in dem die Rollwagen für Pfandflaschen- und Gläser stehen und Lieferungen mitsamt Lieferscheinen abgestellt werden können, ohne dass ein Food-Coop-Mitglied anwesend sein muss. Hier bietet sich auch ein Zahlenschloss an, dessen Zahlenkombination den Lieferanten mitgeteilt wird.

4.2 Arbeitsteilung

Die Struktur einer Food-Coop ist so komplex wie die eines gewöhnlichen Bioladens. Das Besondere an einer Food-Coop ist jedoch, dass die Menschen, die von der Food-Coop ihre Lebensmittel und andere Waren beziehen, selbständig dazu beitragen, dass diese Struktur erhalten bleibt und sich den Bedürfnissen der Mitglieder und den lokalen Bedingungen entsprechend entwickelt. Das heißt, die Ausstattung und Instandhaltung der Räumlichkeiten, die Kontaktaufnahme zu den Produzenten und

Lieferanten, die Auswahl der Waren und die folgende Großbe-
stellung, der gesamte Zahlungsverkehr zwischen den Lieferanten und den Mitgliedern, bis hin zur Begleitung und Einführung
von neuen interessierten Menschen, wird eigenständig organisiert und durchgeführt.

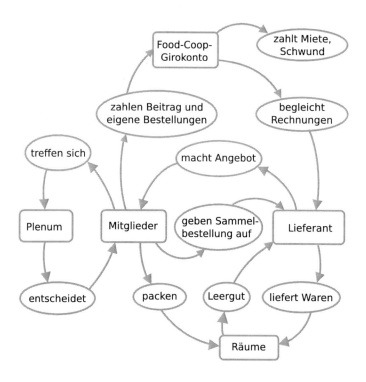

Alles hängt zusammen

Dies ist auf jeden Fall eine sehr spannende Erfahrung der
Selbstverwaltung und Selbstermächtigung, in der neben Zu-
verlässigkeit, Transparenz und Mitbestimmung das Wichtigste

ist, dass Mitglieder der Food-Coop das Bewusstsein entwickeln, dass jede Person durch ihre Mitwirkung gleichwertig zur Stabilität beiträgt.

4.2.1 Modelle der Arbeitsteilung

In Food-Coops, die klein anfangen, wird vieles persönlich besprochen. Dadurch sind alle Mitglieder in aktuelle Diskussionen involviert und können Entscheidungen gemeinsam tragen. Gerade die Verteilung der anfallenden Arbeiten ist bei einer kleinen Gruppe schnell gemacht. Störungen und Probleme können untereinander direkt abgesprochen und auf Änderungen kann spontan eingegangen werden.

Ab einer gewissen Größe der Food-Coop funktionieren diese persönlichen Absprachen nur noch unzureichend. Sie sind zu zeitaufwändig, zu fehleranfällig und intransparent. Zudem werden die unterschiedlichen Aufgabenfelder und ihr Zusammenwirken in ihrer Komplexität nicht mehr voll erkannt. Schnell bleiben ungeliebte Aufgaben liegen oder wichtige Dinge werden schlichtweg übersehen und vergessen. Bevor es zu Überlastungen einzelner Personen kommt oder sich negative Stimmungen ausbreiten, sollten Sie über eine bessere Organisation der anfallenden Aufgaben nachdenken. Alle Mitglieder verfügen über Zeit und Geld in höchst unterschiedlichen Dimensionen. Ziel der Arbeitsteilung ist es daher, einen für alle zufriedenstellenden Ausgleich zu schaffen.

Durch Übersichtlichkeit und mit transparenten Vorgängen kann gerade bei großen Food-Coops eine effiziente Arbeitsteilung erreicht werden, die ohne Hierarchien auskommt und Wert auf persönliche Kontakte legt. Grundregel ist dabei, dass alle anfallenden Aufgaben, in Umfang und Inhalt für alle Mitglieder leicht erkennbar und nachvollziehbar sind. Damit können notwendige Arbeitsbelastungen gleichmäßig verteilt werden. Alle Mitglieder sind dabei Teil eines selbstverwalteten Prozesses. Sie leben und erfahren Formen der Selbstorganisation.

Die durch die Arbeitsteilung reduzierte Komplexität einer Food-Coop erleichtert die Integration neuer Mitglieder. Diese können sich nach ihren persön-

> Jeder gesparte Handgriff lässt Zeit für andere spannende Projekte oder auch einfach nur für Smalltalk nach getaner Arbeit.

lichen Vorlieben für ein Aufgabenfeld entscheiden, werden von „älteren" Mitgliedern in die Tätigkeiten eingeführt und können sich dann schnell und unabhängig mit ihren neuen Aufgaben arrangieren. Neue Mitglieder spielen eine wichtige Rolle in einer Food-Coop, denn sie stoßen oftmals auf Hindernisse oder Umständlichkeiten, die sich bei Arbeitsprozessen mit der Zeit eingeschlichen haben. Hier sollte es in jeder Gruppe die Möglichkeit geben, Vorschläge zur Vereinfachung des Arbeitsablaufs zu äußern. Dies setzt natürlich eine Offenheit bei den „alten Hasen" voraus, um routinierte Arbeitsschritte zu optimieren. Spezialisieren sich Mitglieder auf ihren Arbeitsbereich und kennen die anderen Aufgabenfelder und vor allem das Zusammenspiel der einzelnen Arbeitsbereiche nicht, kann es langfristig zu Absprachproblemen und Konflikten kommen. Um dem vorzubeugen, ist es ratsam den Gesamtüberblick für das komplexe System der Food-Coop allen Mitglieder zu ermöglichen. Dies kann erreicht werden, indem jedes Mitglied die verschiedenen Arbeitsschritte in der Food-Coop von der Bestellung der Waren bis zur Pfandrückgabe und Inventur durchläuft oder indem die Arbeitsschritte und vor allem das Zusammenspiel der einzelnen Bereiche in der Food-Coop visualisiert werden. Hier könnten z.B Plakate gemeinsam erstellt werden.

Die Bildung von Arbeitsgruppen und das Festlegen von Verantwortlichkeiten und Koordination sind zwei einfache Vorgehensweisen zur Arbeitsteilung, die im Exkurs vorgestellt werden. Je nach Art der Aufgabe eignet sich die eine oder andere besser. Sie lassen sich durch Mischformen, Rotationsprinzip (jedes Mitglied wechselt nach einer bestimmten Zeit die Arbeitsgruppe) und andere Überlegungen beliebig kombinieren.

Im weiteren Verlauf des Buches wird eine praktisch erprobte Arbeitsteilung vorgestellt. Für Food-Coop-Neugründungen beschreibt sie einen gangbaren Weg, der leicht an die lokalen Gegebenheiten angepasst werden kann und sicherlich an einigen Stellen optimierungsfähig ist. Existierenden Food-Coops geben wir mit diesem Modell die Möglichkeit zur Selbstreflexion und schaffen Anreize für eigene Verbesserungen.

Bildung von Arbeitsgruppen

Es werden zunächst feste Aufgabenfelder herausgearbeitet und dann Personengruppen übertragen. Diese Form eignet sich besonders gut für regelmäßig wiederkehrende Arbeiten, wie zum Beispiel das Packen der Lebensmittel in die Kisten der Mitglieder.

Die Zuordnung kann unterschiedlich erfolgen:

o gemeinsam die Mitglieder in Arbeitsgruppen aufteilen,

o permanent aushängende Listen mit den anfallenden Arbeiten, in die sich Mitglieder selbständig einschreiben,

o neue Mitglieder werden gefragt, in welcher Arbeitsgruppe sie mitwirken wollen.

Beachten Sie bei allen Zuordnungen den Grundsatz der Freiwilligkeit und schaffen Sie eine motivierende Atmosphäre. Kontaktlisten mit Namen und Telefonnummern der Mitglieder sind äußerst nützlich bei Absprachen bezüglich der Arbeitsgruppen (siehe Seite 94). Wird dazu noch vermerkt, in welcher Arbeitsgruppe das Mitglied aktiv ist, kann bei spontanen Zwischenfällen schnell koordiniert werden. Zeitlich weit auseinander liegende Arbeitseinsätze geraten dadurch auch nicht so schnell in Vergessenheit.

Festlegen von Verantwortlichkeiten

Hier werden kleine Aufgabenfelder einzelnen Mitgliedern zugeordnet, die sie regelmäßig und selbständig erledigen. Sollte der Arbeitsaufwand zu groß werden, suchen sie sich weitere Unterstützung. Ein Team bildet sich, das von einem Mitglied koordiniert wird.

Diese Methode bietet den Vorteil, dass schwach besetzte Teams durch persönliche Kontakte von anderen Mitgliedern aufgestockt werden. Die Verantwortlichen spezialisieren sich in ihren Aufgaben und sorgen in ihrem Aufgabenfeld für die Einarbeitung neuer Teammitglieder. Allerdings führt das langfristig dazu, dass niemand in der Food-Coop einen Gesamtüberblick behält. Deswegen sollte bei dieser Vorgehensweise besonders viel Augenmerk auf die transparente Darstellung der entstandenen Strukturen gelegt werden.

4.2.2 Abgleich der Arbeitszeit durch Zeitkonten

Die gleichmäßige Arbeitsteilung auf alle Mitglieder wird mit wachsender Größe der Food-Coop schwieriger. Schnell könnte sich ein Ungleichgewicht einstellen, bei dem ein kleiner motivierter Personenkreis den Großteil der Aufgaben übernimmt. Oder es könnten notwendige Arbeiten liegen bleiben, für die sich dann ein Mitglied „erbarmen muss". Falls dies als Problem wahrgenommen wird, ist es an der Zeit, die Arbeitsteilung genauer unter die Lupe zu nehmen. Eine Möglichkeit ist es, den gesamten Arbeitsaufwand aller Mitglieder über eine bestimmte Zeit festzuhalten, um zu ermitteln, wie viel Zeit monatlich aufgebracht wird, um die Food-Coop am Laufen zu halten. Im nächsten Schritt kann aus den Gesamtstunden die monatlich relevante Arbeitszeit pro Aufgabenbereich und pro Mitglied entwickelt werden. Es werden so genannte Zeitkonten für jedes Mitglied erstellt, in denen die monatlich erbrachte Arbeitszeit mit der notwendigen Zeit abgeglichen wird. Bewegen sich alle Zeitkonten im neutralen Bereich, kann davon ausgegangen werden, dass alle Mitglieder ungefähr die gleiche Zeit investieren und die Food-Coop stabil läuft.

Beim Abgleich der Zeitkonten - Offenheit und Ehrlichkeit vorausgesetzt - sollten jedoch die spezifischen Lebenssituationen berücksichtigt werden. Nicht alle Mitglieder verfügen über vergleichbar viel Freizeit oder können sie sich frei einteilen. Hier taucht wieder die Frage nach der individuellen Motivation der Mitglieder auf, sich in einer Food-Coop zu engagieren. Einige möchten kostengünstig an gesunde und umweltschonende Nahrungsmittel gelangen, andere möchten eine spezielle Form des Wirtschaftens fördern, die ohne Erwerbsarbeit auskommt. Diskussionen über dieses Thema können anstrengend sein, sind aber für eine faire Arbeitsteilung innerhalb der Food-Coop unerlässlich.

Wenn Zeitkonten angelegt werden, dann sollten sie unbedingt für alle Mitglieder einsehbar sein. Zeitkonten und auch andere Mittel der Arbeitsteilung sind dann besonders wirkungsvoll, wenn sie motivierend wirken. Dies kann beispielsweise dadurch erfolgen, dass besonders aktive Mitglieder bestimmte, gemeinsam festgelegte Vorzüge genießen. Motivierte Mitglieder sehen über kleine Ungleichgewichte hinweg und bleiben offen für konstruktive Neuerungen. Werden Zeitkonten genutzt, um Druck bei einzelnen Mitgliedern aufzubauen oder sogar um Sanktionierungen zu beschließen, ist meist die Zeit für eine grundlegende Umstrukturierung der Food-Coop gekommen.

Sanktionsmöglichkeiten sollten immer kritisch reflektiert und nur im Plenum (siehe Seite 94) im Konsens beschlossen werden, damit diese Maßnahmen von allen getragen und ihre Konsequenzen akzeptiert werden. Beispielsweise können monatliche Pflichtarbeitszeiten für alle Mitglieder festgelegt werden. Bildet sich ein Minus auf dem Zeitkonto eines Mitglieds, ist der erste Weg die direkte Kontaktaufnahme, um den Grund des fehlenden Einsatzes herauszufinden. Ergibt sich trotz Gesprächen und versicherter Beteiligung des Mitglieds keine Änderung, kann über einen Bestellstopp für die betroffene Person nachgedacht werden. Alternativ können auch andere Szenarien entwickelt werden. So gibt es sicherlich auch Mitglieder, denen es nur unregelmäßig möglich ist, etwas für die Erhaltung der Food-Coop beizutragen. Auch für Menschen in so einer Situation kann und sollte ein Weg gefunden werden.

Ebenso ist es wichtig, Mitgliedern die Chance zu geben, pausieren zu können, dass heißt ihren Dienst für einen bestimmten Zeitraum auszusetzen. So z.b. bei Schwangerschaft, Krankheit oder anderen intensiven Lebensphasen. Wenn es einigen Mitgliedern an Zeit mangelt, aber Geld ausreichend zur freien Verfügung steht, könnten sie sich auch durch einen erhöhten Mitgliedsbeitrag (siehe Seite 73) von Arbeiten „freikaufen". Im Gegenzug kann finanziell benachteiligten Mitgliedern der Beitrag erlassen werden.

Solche Maßnahmen bieten reichlich Konfliktstoff, weil sie Grundfragen über das menschliche Zusammenleben und -arbeiten betreffen und hier verschiedene Überzeugungen aufeinander prallen. Im Rahmen der Food-Coop sollten mögliche Konflikte lösungsorientiert diskutiert werden. Versuchen Sie eine Einigung zu finden, die nicht mehrheitlich erzwungen wurde, sondern mit denen sich alle gut arrangieren können. Gegebenenfalls hilft auch eine Einzelfallentscheidung.

4.2.3 Arbeitsgruppen im Überblick

Die folgenden Arbeitsgruppen werden auf den nächsten Seiten detailliert vorgestellt:

- Bestellgruppe
- Warenannahmegruppe
- Frischwarenpackgruppe
- Trockenwarenpackgruppe
- Ladendienst
- Instandhaltungsgruppe
- Finanzverwaltungsgruppe intern
- Finanzverwaltungsgruppe extern
- Mitgliederverwaltung

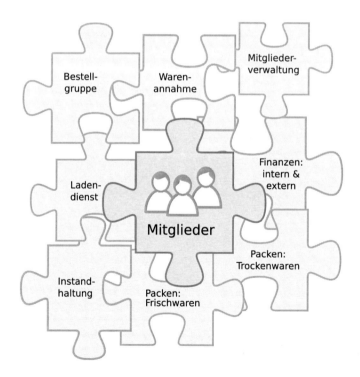

Arbeitsgruppen im Überblick

4.3 Bestellung

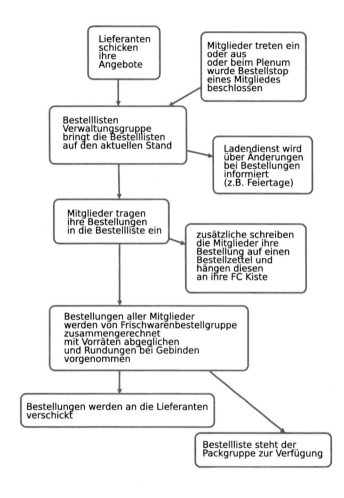

Ablauf einer Bestellung

4.3.1 Bestellung der Frischware

Die Bestellung neuer Frischwaren ist, wie der Name vermuten lässt, die markanteste Aufgabe in Bestell- bzw. Lager-Food-Coops. Hierfür hat sich ein System mit zentraler Bestellliste und individuellen Abrechnungszetteln etabliert (siehe Infobox).

4.3.2 Verwaltung der Frischwarenbestellliste

Ziel der Bestelllistenverwaltung ist es, in jeder Bestellperiode die aktuelle, übersichtliche Liste mit den Basisprodukten und den Namen der Mitglieder in der Food-Coop aushängen zu haben. Diese Liste ist eine wichtige Voraussetzung für den reibungslosen Bestellablauf und gleichzeitig Dreh- und Angelpunkt der Food-Coop. Die Bestellliste bildet zudem die Schnittstelle zwischen den Mitgliedern und den Lieferanten.

Die Bestellliste ist eine Sammelbestelltabelle, in der alle Mitglieder ihre gewünschten Produkte für die nächste Bestellung eintragen. Diese Liste ist die Grundlage für die Bestellung bei den Lieferanten. Ebenso wird ein individueller Abrechnungszettel mit den gewünschten Produkten ausgefüllt und an die persönliche Warenkiste gehängt. Am Einkaufstag wird dieser Zettel als Abrechnungsgrundlage benutzt und nach der Abrechnung für die Finanzgruppe in dem Kontobuch hinterlegt (siehe Seite 73).

Für die Verwaltung dieser Liste sollten Sie etwa eine Stunde Arbeitszeit pro Woche einplanen. Dafür wird ein Computer mit Drucker und Internetzugang benötigt.

Die Lieferanten schicken ihr aktuelles Angebot regelmäßig an die gewünschte E-Mailadresse (siehe Seite 94). Mit den neuen Daten wird dann die Bestellliste der Vorwoche aktualisiert. Geänderte Preise werden übernommen, neue Produkte ein-, nicht mehr lieferbare ausgetragen. Hier wird von der Arbeitsgruppe jeweils auch eine Vorauswahl getroffen, weil der Platz auf der Liste begrenzt ist. Die Kriterien der Lieferanten- und Produktauswahl sollten Sie deshalb als Gruppe vorher gründlich durchdenken und offen für jederzeitige Änderungen gestalten, um später Ärgernisse zu vermeiden. Auf den Listen sollte auch ausreichend Platz für handschriftliche Ergänzungen und individuelle Bestellungen bleiben.

Häufige handschriftliche Ergänzungen sind ein Indikator für gewecktes Interesse an weiteren Produkten. Diese sollten nach Bedarf in die Liste aufgenommen werden.

Beim regelmäßigen Plenum oder über den Finanzdienst werden neue Mitglieder, Austritte und Sperrungen von Mitgliedern bekannt. Diese Änderungen müssen auch ihren Weg in die Bestellliste finden. Wichtig ist, dass die Informationen direkt in die Bestelllistenverwaltungsgruppe hineingetragen werden. Ein gut geführtes Protokoll des Plenums ist hier sehr hilfreich. Zur Sicherheit können neue Mitglieder auch persönlich Kontakt zu der Gruppe aufnehmen.

Sollte sich der reguläre Tag der Bestellung einmal verschieben (z.B. durch Feiertage), dann informiert die Verwaltungsgruppe den Ladendienst, damit dieser die Änderung in der Food-Coop bekanntgeben kann.

4.3.3 Frischwarenbestellungen zusammenrechnen

Nachdem die Mitglieder ihre einzelnen Bestellungen abgege-
ben haben, werden diese von der Frischwarenbestellgruppe zusammengefasst und an die Lieferanten übermittelt. Bei einem
wöchentlichen Bestellzyklus ist eine Person mindestens vier
Stunden mit dem Zusammenrechnen der Gesamtbestellung be-
schäftigt. Eine Arbeitsgruppe sollte hier aus vier bis sechs Personen bestehen. Gebraucht werden Telefon, Faxgerät, ein Computer mit Internetzugang und die Kataloge bzw. Angebote der
Lieferanten, sowie die von den Mitgliedern gefüllte Bestellliste.

Anhand der Bestellliste wird ausgerechnet, wie viel von welchem Produkt beim Lieferanten bestellt werden soll. Für viele
Produkte geben die Lieferanten Mindestbestellmengen und Gebindegrößen an. Diese stimmen meist nicht mit den Summen
der gewünschten Bestellungen überein, d.h. in den Händen der
Bestellgruppe liegt dann die Verantwortung über die Entscheidung, ob das jeweilige Produkt nicht bestellt wird oder ob sich
der überschüssige Teil schon in der Food-Coop verkauft. Hierbei
ist zwar etwas Erfahrung notwendig, die stellt sich aber recht
schnell ein. Im Zweifelsfall und gerade bei leicht verderblichen
Waren empfiehlt es sich, nur so viele Gebinde zu bestellen, wie
anhand der Bestellliste definitiv zusammenkommen. Das bedeutet aber, das einige Waren in geringerer Menge geliefert werden, als es der Wunsch der Mitglieder war. Dies muss später bei
der Aufteilung der Lieferung berücksichtigt werden. Bei einem
Produkt, bei dem die erforderliche Gebindegröße nicht erreicht
ist, was aber erfahrungsgemäß noch von zusätzlichen Mitgliedern eingekauft wird, lohnt es sich, auf die nächst höhere Gebindegröße aufzurunden. Sinnvoll ist es auch, vor einer Mehr-

bestellung im Lager nachzuschauen, ob diese Ware noch von der letzten Lieferung vorhanden ist.

 Faustregel für Bestellungen: „Bestelle so viel wie in der Vorwoche!"

Manchmal tragen Mitglieder ein gewünschtes Produkt per Hand zur Bestellliste dazu. In diesem Fall sollten Sie im Katalog des Anbieters prüfen, ob es lieferbar ist und die Gebindegröße passt. Dann wird es wie gewohnt bestellt. Gleichzeitig sollten Sie mit der für die Erstellung der Bestellliste zuständigen Person absprechen, ob das Produkt dauerhaft mit in die Bestellliste aufgenommen werden kann. Gleiches gilt für den umgekehrten Fall: Ist ein Produkt dauerhaft nicht mehr lieferbar, dann sollte es von der Bestellliste gestrichen werden.

Abschließend sollten Sie die Bestellung noch einmal überfliegen, ob Gewicht, Stück- und Gebindezahl realistisch erscheinen. Bei besonders drastischen Veränderungen gegenüber der Vorwoche rechnen Sie besser einmal mehr nach. Eine Verwechslung von z.B. Stückzahl und Kilogramm ist schnell übersehen, wirkt sich aber enorm aus (30 kg Kiwis sind auch für eine große Food-Coop nicht so einfach zu verteilen, 30 Stück gehen dagegen schnell weg).

Jetzt können die Bestellungen an die Lieferanten geschickt werden. Einige Lieferanten haben Vordrucke auf Papier, diese brauchen nur ausgefüllt und zurück geschickt oder gefaxt werden. Andere benutzen Tabellen, die sich am Computer bearbeiten lassen und bequem per E-Mail verschickt werden. Einige benutzen keinerlei Formulare, hier sollten Sie sich eine übersichtliche Vorlage erstellen, die Ihre aktuellen Kontaktdaten enthält.

Wichtig bei den Bestellungen sind etwaige Lieferfristen. Ein bis zwei Tage vor der Lieferung sollte die Bestellung bei den Lieferanten sein. In der Anfangszeit ist es günstig, telefonisch nachzufragen, ob die Bestellung angekommen ist und ob alle Punkte verständlich sind.

Die von den Mitgliedern ausgefüllte Bestellliste wird nach diesen Arbeitsschritten wieder rechtzeitig in der Food-Coop hinterlegt. Anhand dieser Liste wird die Packgruppe später die Waren verteilen.

4.3.4 Bestellung von Trockenwaren

Das Angebotssortiment einiger Lieferanten umfasst neben frischen Lebensmitteln auch lagerbare Ware, also Kosmetik, Reinigungsmittel und haltbare Lebensmittel wie z.B. Reis, Nudeln und Schokolade. Derartige Warenwünsche werden über einen bestimmten Zeitraum hinweg von allen Mitgliedern zusammengetragen und eine Sammelbestellung an den Lieferanten getätigt. Je nachdem wie hoch der Bedarf der Food-Coop an Trockenware ist, stellt sich ein Bestellrhythmus ein. Bei einem zu kleinem Abstand kommen möglicherweise die notwendigen Mindestbestellmengen nicht zusammen. Ist der Abstand zwischen den Bestellungen allerdings sehr groß, müssen die Mitglieder lange auf die Produkte warten.

Die Vorbereitung und Durchführung einer Bestellung nimmt etwa zwei Stunden in Anspruch. Empfehlenswert ist es, wenn sich zwei Personen diesen Aufgabenbereich teilen. Benötigt werden hierfür die Kataloge der jeweiligen Anbieter und die ausgefüllte Sammelbestellliste der Mitglieder. Wichtig ist es, vor jeder

Bestellung mit dem Finanzdienst Rücksprache zu halten, ob das Girokonto ausreichend Deckung aufweist. Ebenso benötigen einzelne Lieferanten eine Einzugsermächtigung, um den Warenwert im Voraus abzubuchen. Die Bestellung wird, je nach Lieferant, gefaxt oder per Onlineverfahren aufgegeben.

Die Kataloge der Lieferanten mit ihrer gesamten Produktpalette werden in der Food-Coop ausgelegt. Ähnlich wie bei den Frischwaren wird eine Bestellliste erstellt, in die alle Mitglieder ihre Wünsche eintragen. Jeder Lieferant sollte eine eigene, offensichtlich gekennzeichnete Bestellliste bekommen, damit es keine unnötigen Verwechslungen gibt. Für eine Bestellung sind der Name des Produktes, die Produktnummer, der Preis und die Gebindegröße festzuhalten. Und natürlich wer das Produkt beziehen möchte. Die Bestelltermine und -fristen sollten im Voraus bekanntgegeben werden, damit alle Mitglieder die Chance haben, ihre Wünsche rechtzeitig einzutragen.

Die Trockenwarenbestellgruppe wickelt nach dem veranschlagten Zeitraum den Bestellvorgang ab, dieser gleicht dem der Frischwarenbestellung. Auch hier sind Erfahrungswerte wieder nützlich. Aufstriche gehen eher gut weg und können daher auch bei niedriger Stückzahl bestellt werden. Bei Kosmetik (geringe Bestellmenge, hoher Preis) sollten Sie mit den Gebindegrößen eher vorsichtig kalkulieren. Saisonale Produkte wie beispielsweise Weihnachtsgebäck bleiben tendenziell auch mal liegen und werden so zu Schwund.

Alle Bestellungen werden abschließend von der Gruppe in die vorhandenen Masken der Lieferanten eingetragen und abgeschickt. Danach werden die Trockenwarenkataloge und die neuen Bestelllisten wieder in den Food-Coop-Räumen ausgelegt.

4.3.5   Beziehungen zu Lieferanten vertiefen

Auf Seite 27 wird die Lieferantenrecherche kurz beschrieben. Ist Ihre Food-Coop mittlerweile routiniert und im Wachsen begriffen, dann kann sich dadurch auch das Verhältnis zu den Lieferanten verändern. Durch die Vergrößerung wird Ihre Food-Coop auch einen höheren Umsatz haben. Dadurch können Sie z.B. noch einmal den Kontakt zu Lieferanten aufbauen, bei denen Sie zu Beginn an dem geforderten Mindestbestellwert gescheitert sind. Außerdem können Sie mit den bestehenden Lieferanten längerfristige Lieferverträge, evtl. in Verbindung mit der verbindlichen Abnahme bestimmter Mindestmengen, vereinbaren.

Das kann für beide Seiten von Vorteil sein: Gerade kleine Biohöfe aus der Region erhalten so eine höhere Planungssicherheit, weil sie wissen, dass sie bereits Abnehmer für ihre Ware haben. Die Food-Coop bekommt dafür unter Umständen bessere Preise. Mit der Zeit

Potentielle neue Kleinlieferanten schlummern vielleicht auch in der Food-Coop: Vielleicht hat ein Mitglied den Wunsch, aus dem Hobby-Gemüsegarten ein Gewerbe entstehen zu lassen. Dann kann ein Liefervertrag mit der Food-Coop als sichere Abnehmerin den Übergang erleichtern.

kann sich dadurch eine Erzeuger-Verbraucher-Gemeinschaft mit kleineren Lieferanten aus der Region entwickeln. Die festgelegten Mengen an verbindlich abzunehmenden Produkten müssen von den Mitgliedern der Food-Coop natürlich auch verbraucht werden können, darum sollten Sie hier vorsichtig vorgehen und die abnehmbare Menge gründlich abschätzen.

4.4 Warenannahme

Die Warenannahmegruppe umfasst in der Regel ein bis zwei Personen. Für die Annahme einer Lieferung bedarf es im Schnitt einer viertel Stunde. Bei ungünstiger Absprache mit den Lieferanten kommt die Wartezeit hinzu. Zugang zu den Räumlichkeiten ist dringend erforderlich, um die Waren für die weiteren Arbeitsschritte geeignet abzustellen. Die Kontaktdaten der Lieferanten und ein Telefon sollten zur Hand sein, damit auftretende Probleme schnell geklärt werden können.

Die Lieferanten bringen ihre Waren direkt zur Food-Coop, wo sie bis zur Abholung durch die Mitglieder gesammelt und gelagert werden. Die Lieferungen werden persönlich durch die Warenannahmegruppe in Empfang genommen. Zwecks Arbeitserleichterung und Zeitersparnis wird mit den Lieferanten ein regelmäßiger, fester Lieferzeitpunkt abgesprochen. In Einzelfällen werden Termine über telefonische Rückfragen koordiniert. So braucht die Warenannahmegruppe nur zum vereinbarten Zeitpunkt zur Food-Coop fahren und die Lieferung in die Räume stellen.

Im aufwändigsten Fall wartet jemand aus der Warenannahmegruppe direkt am Lieferort darauf, dass die Lieferanten erscheinen. Das macht sich prima, wenn die Food-Coop im eigenen Wohnhaus integriert ist. Besteht dagegen ein gutes Vertrauensverhältnis zu den Lieferanten, können diese vollen Zugang zu den Food-Coop-Räumlichkeiten erhalten. Das verringert den Organisationsaufwand bei den Lieferzeiten erheblich und spart unnötige Wartezeit. Hier ist es nützlich, die rückläufigen Pfand-flaschen gut sichtbar und eindeutig gekennzeichnet bereitzu-stellen, so dass die Lieferanten quasi darüber stolpern.

Die meisten Bestellungen werden rückenfreundlich auf Rollwa-gen geliefert. Im Gegensatz zu Paletten ist hier kein Gabelstap-ler notwendig, und das Tragen einzelner Kisten entfällt eben-falls. Sind ausreichend Rollwagen vorhanden, können die mit Ware beladenen Rollwagen gegen die leeren der Vorwoche ge-tauscht werden. Andernfalls müssen sie gleich zum Zeitpunkt der Lieferung abgeladen werden.

Lieferschein und gelieferte Ware werden verglichen und letz-tere auf Beschädigungen untersucht. Lieferungen, bei denen es in der Vergangenheit Qualitätsprobleme gab, sollten bei der An-lieferung genauer in Augenschein genommen werden.

Zum Schluss werden die leeren Pfandfla-schen und Gläser übergeben. Die neuen und noch vollen Pfand-flaschen und Kisten werden in der Regel mit in der Rechnung ausgewiesen.

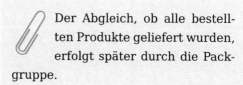 Der Abgleich, ob alle bestell-ten Produkte geliefert wurden, erfolgt später durch die Pack-gruppe.

4.5 Warenverteilung

In der Food-Coop steht für jedes Mitglied eine namentlich ge-kennzeichnete Kiste. In diese werden die gelieferten Frischwa-renbestellungen einsortiert. Für das Einsortieren sind die Pack-gruppen zuständig. Trockenprodukte hingegen werden in die

Regale und Schränke einsortiert. Wenn es sich um eine geringe Menge handelt (z.B. zwei Nudelpackungen) können sie auch direkt in die Kisten der Mitglieder gelegt werden. Zudem erstellt die jeweilige Packgruppe das aktuell gültige Preisbuch anhand der Lieferantenrechnungen.

Das Preisbuch

Die Preise der gelieferten Produkte ändern sich teilweise im Wochenrhythmus. Das trifft besonders auf Frischwaren zu. Um allen beim Einkauf einen Überblick über die aktuellen Preise zu ermöglichen, wird ein Preisbuch geführt.

Im Preisbuch werden die Preise aller Produkte erfasst, die in der aktuellen Woche geliefert wurden. Es ist sinnvoll, das Datum der Lieferung als Überschrift festzuhalten, damit andere erkennen können, ob es sich um aktuelle Preise handelt.

Danach folgt eine einfache Tabelle mit zwei Spalten: In der einen Spalte steht das jeweilige Produkt und in der anderen der entsprechende Preis pro Einheit (z.B. pro kg, pro Flasche usw.). Für eine bessere Übersichtlichkeit sollten die Produkte im Buch nach Kategorien geordnet sein, z.B. Milchprodukte, Gemüse usw. Die anderen Mitglieder können die gesuchte Zeile dann schneller finden.

Bei der Erstellung des Preisbuchs sollten Sie auf die Berechnung der Mehrwertsteuer achten. Alle Großhändler und auch viele Kleinlieferanten weisen auf ihren Rechnungen für die einzelnen Produkte Nettobeträge aus. Die Mehrwertsteuer ist dann nur in der Gesamtsumme enthalten. Bei der Erstellung des Preisbuchs muss also zu jedem Produkt der jeweilige Steuersatz hinzu addiert werden.

Hier sollten Sie gründlich vorgehen und besser doppelt nachrechnen, denn ein kleiner Rechen- oder Rundungsfehler wird schnell zu einem größeren Betrag, der auf dem Konto dann fehlt. Die Vorteile dieser Vorgehensweise liegen aber auf der Hand: Bei Nettoangaben im Preisbuch muss jedes Mitglied bei seiner Abrechnung die Mehrwertsteuer selbst berechnen. Das kostet insgesamt natürlich mehr Zeit und ist fehleranfälliger, da die Wahrscheinlichkeit steigt, dass sich jemand verrechnet.

Das Führen eines Preisbuchs entfällt, wenn Bestellung und Abrechnung elektronisch erfolgen.

Ein gekürztes Beispiel für den Aufbau eines Preisbuchs:

Preise vom 1.8.2009

Milchprodukte

Vollmilch	1,14 € / Flasche
Joghurt Natur	1,29 € / Flasche
Joghurt Heidelbeere	1,49 € / Flasche

Gemüse

Kartoffeln	0,89 € / kg
Petersilie	0,74 € / Bund

4.5.1 Frischwarenpackdienst

Der Frischwarenpackdienst ist eine wöchentliche Aufgabe und dauert ca. drei Stunden. Als optimal hat sich eine Gruppengröße von vier bis fünf Personen erwiesen. Je nach Anzahl der Food-Coop-Mitglieder sollten sich insgesamt vier bis acht Packgruppen bilden. Die einzelnen Gruppen wechseln sich dann wöchentlich ab, so dass jedes Mitglied dieser Arbeitsgruppe nur alle ein bis zwei Monate einmal mit seiner Packgruppe dran ist.

Zum Packen sind die aktuelle Bestellliste und die Lieferscheine / Rechnungen der jeweiligen Lieferanten notwendig. Weiterhin werden eine Waage (am effektivsten ist eine elektronische, in der gleichzeitig der Preis pro Menge angezeigt wird), die Kisten der Mitglieder mit den persönlichen Abrechnungszetteln und selbstverständlich die gelieferte Ware gebraucht. Ein geräumiger Platz, oder bei schlechtem Wetter ein großer Raum, sollten auch vorhanden sein, da das Packen sonst unnötig anstrengend wird. Im Folgenden wird der Arbeitsablauf der Frischwarenpackgruppe skizziert.

Vor dem Packen der frisch gelieferten Ware sollten Sie nachschauen, ob noch etwas von der letzten Lieferung übrig ist und diese auch mit verteilen, solange sie noch frisch ist.

Bevor ein Produkt verteilt wird, ist es wichtig, die Menge der bestellten und tatsächlich gelieferten Ware zu vergleichen. Wurde weniger geliefert als bestellt, wird dies beim Packen berücksichtigt, so dass trotzdem alle etwas von der Ware abbekommen. Wurde mehr geliefert als bestellt, kann großzügig gepackt werden und es bleibt noch etwas für den Direktverkauf übrig. Aus der Bestellliste kann entnommen werden, wer wie viel von welchem Produkt bestellt hat. Ware, die nicht als Stückzahl bestellt wird, sondern als Gebindemenge in Gramm oder Kilogramm (z.B. Äpfel, Möhren, Paprika, Pflaumen), wird je nach gewünschter Menge abgewogen und in die jeweilige Kiste gepackt. Gleichzeitig wird der Preis der Ware in den Abrechnungszettel des Mitglieds eingetragen. So wird Produkt für Produkt auf die Kisten verteilt. Ein effektives Arbeiten ist möglich, wenn sich eine Person um das Abwiegen und die Preisermittlung kümmert und eine andere Person die Ware auf die Kisten verteilt und den Preis in den Abrechnungszettel einträgt. Stückware, wie Gurken und Blumenkohl, wird ebenso auf die Kisten verteilt und auf dem Abrechnungszettel vermerkt. Für den Erhalt der Qualität der Ware bietet es sich an, robuste Sachen, wie Kohlrabi, Äpfel oder Möhren, als erstes in die Kisten zu packen. Ganz nach oben kommen dann die leichten und druckempfindlichen Waren, wie beispielsweise Pflaumen, Tomaten oder Champignons.

Für die Packgruppe ist ein bequemes und hygienisches Arbeiten möglich, wenn Papiertüten, Folien oder saubere Verpackungen in großer Anzahl vorhanden sind. Gerade für kleines Obst und Gemüse ist es sinnvoll, Tüten oder Folie zu benutzten, damit sie nicht lose in der Kiste liegen und evtl. zerdrückt werden. Genauso bietet es sich an, für Brot und Backwaren extra Papiertüten zu

> Brotsorten können beim Packen häufig nicht unterschieden werden. Hier bietet sich eine Pinnwand oder ein selbst erstellter Katalog mit den Bildern und Namen der Brote an.

verwenden, um es nicht mit sandigem Gemüse, wie Kartoffeln oder Möhren, zu verschmutzen. Milch- und Fleischprodukte sollten nicht in die Kisten verteilt, sondern gut gekühlt und leicht zugänglich gelagert werden. Jedes Mitglied stellt sich dann unabhängig von der Packgruppe und je nach Bestellung die Ware selbst zusammen. Die Packgruppe hat zudem noch die Aufgabe, die Preise in ein Preisbuch zu schreiben. Mit dem aktuellen Datum versehen, werden alle Produkte mit ihrem Kilo- / Stückpreis aufgeführt. Das Preisbuch sollte übersichtlich gestaltet sein, da es die entscheidende Quelle für den Einkauf und die Abrechnung der Mitglieder ist.

Bestellte Waren, die aus irgendwelchen Gründen nicht in die Kisten verteilt werden können, sollten als „bestellt" betitelt werden, damit die Ware auch für diejenigen reserviert ist, die sie bestellt haben. Außerdem sollte sie für die jeweiligen Mitglieder leicht auffindbar platziert werden.

Für den Fall, dass Ware nicht geliefert wurde, obwohl sie auf der Rechnung steht, sollten Sie unbedingt einen Vermerk machen und diese Information an den Ladendienst oder Personen der Finanzgruppe weiterleiten. Der entsprechende Lieferant muss so schnell wie möglich informiert werden, damit der Betrag für die nächste Rechnung gutgeschrieben wird.

Verschimmelte oder anderweitig unbrauchbare Lieferungen sollten abgewogen und preislich in einem Schwundbuch (siehe Seite 68) festgehalten werden. Bei geringer Anzahl trägt die Food-Coop den Verlust, er wird also solidarisch aufgeteilt. Wenn größere Beanstandungen vorliegen, dann sollten Sie auf jeden Fall beim Lieferanten reklamieren. Bei andauernder Unzufriedenheit wird der Lieferant von der Bestelllistenverwaltung ausgelassen oder nur einige Produkte von ihm übernommen.

Nach getaner Arbeit des Packdienstes sind alle Waren auf die Kisten verteilt. Die Preise wurden in die jeweiligen Abrechnungszettel eingetragen und das Preisbuch aktualisiert. Nun kann die Übergabe an den Ladendienst erfolgen. Wichtig ist hierbei, Informationen zu den nicht gelieferten Waren zu übermitteln.

4.5.2 Trockenwarenpackgruppe

Aufgabe dieser Gruppe ist es, alle langfristig haltbaren Produkte mit Preisen zu versehen und thematisch in Regale einzusortieren. Konkrete Bestellungen durch einzelne Mitglieder werden entweder gekennzeichnet oder direkt in deren Kisten gepackt. Bei einer Gruppengröße von vier Personen dauert das Packen gute zwei Stunden.

Da Trockenwaren in der Regel nicht jede Woche geliefert werden, können die Packtermine leicht in Vergessenheit geraten. Vor dem eigentlichen Arbeitsbeginn ist ein telefonischer Abgleich sinnvoll, wann die Lieferung kommt und wer in der aktuellen Woche mit packt. Dazu ist es günstig, die Kontakte der Lieferanten und anderen Gruppenmitglieder griffbereit zu haben. Die Trockenwarenpackgruppe benötigt Zugang zur gelieferten Ware, zum Lagerraum und zu den Kisten der Mitglieder. Außerdem werden die Bestellliste und die Lieferscheine benötigt. Hilfreich sind Cuttermesser zum Öffnen der Kartons, ein auf allen Materialien schreibender Stift, Taschenrechner und kleine Schilder für die Beschriftung neuer Ware.

Um die Arbeitswege kurz zu halten, werden die mit den gelieferten Waren bepackten Rollwagen in den Lagerraum bzw. vor die Regale gefahren. Dort erfolgt der Abgleich ob die Lieferung auch der Bestellung entspricht und ob alles korrekt angekommen ist oder etwa Produkte fehlen.

Die gelieferten Produkte werden vom Rollwagen entladen, aus der Verbundverpackung genommen und anhand der Rechnung mit Preisen gekennzeichnet. Ab einer bestimmten Bestellmenge funktioniert eine kleine Kette besser:

- Person 1 sucht anhand des Lieferscheins den Preis für Produkte eines Kartons heraus.
- Person 2 nimmt den Karton vom Rollwagen und schreibt den Preis drauf.
- Person 3 öffnet den Karton und preist die einzelnen Produkte aus.
- Sind Personen 1 und 2 fertig, unterstützen sie Person 3.

Dann werden die Produkte anhand der Bestellliste auf die Kisten verteilt und die einzelnen Bestellzettel werden ausgefüllt. Das läuft im Weiteren so ab, wie die Warenverteilung bei der Frischwarenpackgruppe. Genau wie bei der Erstellung des Preisbuchs (siehe Seite 60) sollten die ausgewiesenen Preise der Trockenwaren den jeweiligen Steuersatz bereits enthalten.

Produkte, die nicht in die Kisten passen, werden mit den Namen der bestellenden Person gekennzeichnet und gut sichtbar abgestellt. Dies sollte geschehen, bevor die ersten Mitglieder ihre Bestellungen abholen, da sie sonst ahnungslos Waren mitnehmen könnten, die von anderen ausdrücklich bestellt wurden. Alles was nach dem Auspacken der Kartons nicht in die persönlichen Kisten aufgeteilt wurde, kommt anschließend in die Regale.

Sollte sich herausstellen, dass eine Lieferung nicht der Bestellung entspricht, ist es nötig, telefonisch beim Lieferanten zu reklamieren. Meistens haben diese eine Frist bis zu der sie Reklamationen anerkennen. Die reklamierte Ware wird dann zurück auf den Rollwagen geladen, damit der Lieferant sie je nach Absprache wieder abholt. Meistens werden Fehllieferungen über Gutschriften bei den Lieferanten finanziell ausgeglichen. Deshalb sollte unbedingt die für externe Angelegenheiten zuständige Finanzgruppe benachrichtigt werden. Diese kümmert sich darum, da sie den besten Überblick besitzt.

Ist von einem Produkt zu wenig geliefert worden, dann wird anteilig weniger in die Kisten gepackt. Dabei sollte die Packgruppe mit gesundem Menschenverstand aufteilen. Bei einigen Waren ist eine Aufteilung nicht angebracht, wenn z.B. für die Zubereitung bestimmter Gerichte Mindestmengen gebraucht werden. Im Zweifelsfall wird eine Notiz am Schwarzen Brett mit der Bitte hinterlassen, dass sich die betroffenen Mitglieder untereinander absprechen.

Ein weiterer Arbeitsschritt ist die Kennzeichnung verdorbener und abgelaufener Produkte. Verdorbenes wird in das Schwundbuch eingetragen, was bei Trockenwaren hoffentlich nicht allzu oft geschieht.

Wenn neue Trockenware in die Regale sortiert wird, dann sollte die noch vorhandene Ware nach vorn gestellt werden, damit sie zuerst verkauft wird und nicht verdirbt.

Abgelaufene Produkte oder welche, die offensichtlich nicht mehr lange haltbar sind, sollten für Mitglieder leicht erkennbar sein, damit sie bevorzugt mitgenommen werden. In den Regalen stehen die älteren Produkte deswegen ganz vorne, neue Bestellungen werden hinten einsortiert. Weitere

Mitnahmeanreize lassen sich schaffen, indem der Preis heruntergesetzt oder ein Schild mit dem Hinweis „Zahl so viel, wie es dir wert ist!" angebracht wird. Dadurch entstehen der Food-Coop zwar auch Verluste, die gemeinschaftlich ausgeglichen werden, aber die Ware verdirbt wenigstens nicht sinnlos. Die Differenz zwischen dem eigentlichen und reduzierten Preis sollte ins Schwundbuch eingetragen werden, um den finanziellen Überblick der Food-Coop zu erleichtern.

Die ausgefüllte Bestellliste wird nach dem Packen wieder ausgehängt. Die Food-Coop-Mitglieder sehen schnell, welche Bestellungen kamen und welche nicht. Alle Rechnungen werden im Rechnungsordner abgeheftet. Leere Kartons und Altpapier werden klein gefaltet und am abgesprochenen Ort hinterlegt.

Die Trockenwarenpackgruppe ist fertig, wenn die bestellte Ware auf die Kisten aufgeteilt ist und alle übrigen Produkte mit entsprechenden Preisen in die Regale einsortiert sind.

4.5.3 Umgang mit schlecht gewordener Ware

Es bleibt in der Regel nicht aus, dass Frischware auch einmal liegen bleibt. Je nach Zustand kann sie dann zu einem reduzierten Preis angeboten werden. Das Gleiche gilt für verpackte Produkte, deren Mindesthaltbarkeitsdatum überschritten wurde. Die Verluste für die Food-Coop werden im Schwundbuch festgehalten, um den Überblick zu behalten.

Was geschieht mit verdorbenen Waren?

Wenn die Ware noch essbar ist, dann wird der Preis nach eigenem Ermessen reduziert. Die Differenz zwischen dem eigentlichen und dem reduzierten Preis muss in das Schwundbuch eingetragen werden. Die Food-Coop als Ganzes trägt diese Kosten.

Ist die Ware überhaupt nicht mehr essbar, dann wird sie entsorgt und die kompletten Kosten werden in das Schwundbuch aufgenommen. Bei Frischware ist es wichtig, dass dies schnell geschieht, um keine Ratten anzulocken. Aus diesem Grund sollten auch keine tierischen Produkte auf den Komposthaufen geworfen werden, falls die Food-Coop einen hat.

Schwundbuch

Das Schwundbuch ermöglicht der Food-Coop, ihre Verluste zu berechnen. Alles, was eingekauft, aber nicht wieder an Mitglieder verkauft wurde, wird in das Schwundbuch eingetragen. Es hat verschiedene Vorteile, diese Verluste so festzuhalten. So kann z.B. bei einer Inventur erkannt werden, wie Unterschiede zwischen eingekaufter und verkaufter Ware zustande kommen.

Wenn die Mitglieder auch regelmäßig die Gründe für den Eintrag ins Schwundbuch angeben, dann können daraus wertvolle Erkenntnisse für eine noch besser organisierte Food-Coop gewonnen werden. Stellt sich z.B. heraus, dass bestimmte Produkte regelmäßig verderben, dann sollte die Bestellgruppe darüber informiert werden, diese Ware dann nicht mehr im Überschuss zu bestellen. Scheint es dagegen eher daran zu liegen, dass weiches Obst bzw. Gemüse wie

> Ein Beispiel für die Struktur eines Schwundbuches finden Sie im Anhang dieses Buches und unter www.food-coop-einstieg.de.

z.B. Tomaten durch ungünstige Lagerung zerquetschen, dann freut sich die Packgruppe bestimmt über einen freundlichen Hinweis.

Gibt es vermehrt Hinweise auf Mäuse- oder Rattenfraß, dann sollten gelagerte anfällige Produkte unbedingt besser verpackt werden. Mehl, Getreide, Hülsenfrüchte usw. sollten in verschließbaren Kisten untergebracht werden. Wenn gepackte Ware nicht am selben Tag abgeholt werden kann, bietet es sich an, große verschließbare Kisten zu besorgen, damit erstens die Lebensmittel frisch bleiben und zweitens hungrige Kleintiere ferngehalten werden.

Stellt sich heraus, dass die Inhalte von Großverpackungen (z.B. Getreidesäcke) regelmäßig nicht verkauft werden können, bevor sie verderben, dann ist dies eine wichtige Information für die Bestellgruppe. Der ökologische Vorteil, der meist Hintergedanke bei der Bestellung von Großverpackungen ist, ist keiner, wenn die Ware weggeworfen werden muss. Möchte die Food-Coop trotzdem lieber Großverpackungen kaufen, dann lohnt es sich, die Ware selbst in kleineren Einheiten abzupacken und auszupreisen. Das steigert die Wahrscheinlichkeit, dass die Ware rechtzeitig gekauft wird.

4.6 Ladendienst

Der Ladendienst garantiert den reibungslosen Ablauf während der „Öffnungszeiten" der Food-Coop. Öffnungszeiten sind hier symbolisch gemeint, da die Mitglieder ja jederzeit Zugang zu den Räumlichkeiten haben. Praktisch bewährt hat sich allerdings, an einem bestimmten Wochentag vormittags Lieferungen entgegenzunehmen, so dass am frühen Nachmittag die Packgruppe alles sortieren und verteilen kann und abends die Food-Coop dann offiziell geöffnet ist. So entsteht ein regelmäßiger Termin zum Abholen der bestellten Waren, an dem viele Mitglieder auch außerhalb der Plena zusammenkommen. Da werden lebhaft Neuigkeiten, Ideen, Rezepte, sowie Klatsch und Tratsch ausgetauscht. Gleichzeitig sind die Öffnungszeiten auch ein idealer Anlaufpunkt für Neugierige und neue Mitglieder.

Der Ladendienst ist während der gesamten Öffnungszeiten inklusive Vor- und Nachbereitung tätig. Der Zeitumfang beträgt für gewöhnlich einen Nachmittag pro Woche für vier bis fünf Stunden. Sollten sich zwei Personen den Ladendienst an einem Tag teilen, ist eine Übergabe angebracht. Ansonsten rotiert diese Aufgabe wöchentlich (siehe Seite 40).

Die Person, die mit dem Ladendienst beauftragt ist, kümmert sich im Allgemeinen um eine angenehme Atmosphäre innerhalb der Food-Coop-Räume und ist Ansprechpartnerin bzw. Ansprechpartner in allen Food-Coop-Fragen.

Sie aktualisiert die Pinnwände und gestaltet Aushänge informativ und übersichtlich. Zudem gibt sie Auskünfte zu Produkten und aktuellen Preisen. Dazu schließt sie sich vorher mit der Packgruppe kurz, um über nicht gelieferte Waren oder Überschuss informiert zu sein. Probleme werden aufgenommen und in die entsprechenden Gruppen gegebenenfalls auch in das Plenum weitergetragen. Neue Mitglieder werden durch sie mit den Abläufen in der Food-Coop vertraut gemacht, bei ihren Bestellungen unterstützt, sowie über Ein- und Austrittsformalitäten informiert.

Eine wichtige Aufgabe des Ladendienstes ist es, die vorrätigen, nicht bestellten Frischwaren, die vom Packen übrig geblieben sind, zu ordnen und für den Verkauf bereitzustellen. Ein wenig marktschreierische Fähigkeiten und gekonntes Anpreisen der überschüssig gelieferten Waren hilft dabei, sie unter den Mitgliedern aufzuteilen, bevor sie sinnlos verderben. Milch und andere kurzlebige Produkte werden im Kühlschrank, mit der Aufschrift „bestellt" oder „übrig", gekennzeichnet.

Zum Ende der Einkaufszeit können noch vorrätige Frischwaren, die eine Woche Lagerung nicht überstehen, günstiger angepriesen werden (siehe Seite 68). Übrige Waren werden durch den Ladendienst verpackt und gelagert oder entsorgt und im Schwundbuch vermerkt.

Telefonisch oder per E-Mail hinterlassene Bestellwünsche von Mitgliedern, denen es zeitlich nicht möglich ist, ihre Bestellung aufzugeben, werden durch den Ladendienst in die Listen übernommen.

Sollte die Packgruppe einmal ausgefallen oder aus anderen Gründen die Kisten nicht gepackt worden sein, kommt dem Ladendienst eine besondere Koordinierungsrolle zu, damit alle Mitglieder ihre Bestellungen selbst finden und zusammenpacken können.

Liegengebliebene Verunreinigungen werden durch den Ladendienst angemerkt und im Ausnahmefall entfernt. Zum Ende des Tages schafft der Ladendienst Platz für die Lieferungen der kommenden Woche und stellt Altpapier, Folie und Glas für die Instandhaltungsgruppe zurecht. Bei Bedarf reinigt er Böden, Arbeitsflächen, Bestecke, Waagen, Regale und Kühlschränke. Selbstverständlich ist der Ladendienst keine Reinigungskraft. Die Food-Coop-Mitglieder sollten eigenverantwortlich anfallende Aufgaben erkennen und nur selten durch den Ladendienst auf bestehende Missstände hingewiesen werden müssen.

4.7 Finanzen

Die Anmietung und Ausstattung von Räumen, die Betriebskosten und auftretender Schwund bzw. Verfall von Lebensmitteln verursachen überschaubare Kosten. Diese werden unter den Mitgliedern aufgeteilt. Dafür stellen wir im Exkurs zwei Modelle vor. Rechnungen der Lieferanten werden per Überweisung oder Einzugsermächtigung beglichen. Dazu braucht die Food-Coop ein eigenes Konto. Für den besseren Überblick über Einzahlungen der einzelnen Mitglieder und die Gegenrechnung ihrer Bestellungen, bietet es sich an, persönliche Guthabenkonten zu führen. Die Abrechnungen der Food-Coop laufen einerseits intern (zwischen Mitglied und Food-Coop) und andererseits extern (zwischen Food-Coop und Lieferanten). Beide werden regelmäßig auf rechnerische Richtigkeit von der Finanzgruppe überprüft. Mehr dazu in den folgenden Unterkapiteln.

Mitgliedsbeitrag versus Preisaufschlag

Es gibt verschiedene Ansätze, Kosten durch Verwaltung und Warenschwund auf die Mitglieder zu verteilen. Eine einfache Möglichkeit ist die Erhebung eines pauschalen, regelmäßigen Mitgliedsbeitrages.

Der Nachteil dieses Modells ist die Benachteiligung von Mitgliedern, die nur verhältnismäßig wenig einkaufen, denn auch sie zahlen denselben Beitrag. Unter Umständen kann der Einkauf in der Food-Coop so teurer als in einem Bioladen werden, obwohl z.b. der eigene Anteil am Warenschwund gering ist. Hier gibt es jedoch auch die Möglichkeit einen Mitgliedsbeitrag erst ab einem bestimmten monatlichen Einkaufsvolumen zu erheben. Eine weitere Alternative ist ein kleiner Preisaufschlag von z.b. 5% auf den jeweiligen wöchentlichen Einkaufswert.

Es ist auch eine Mischform möglich: Ein gestaffelter monatlicher Beitrag. Anhand bestimmter Kriterien (z.b. Anzahl an Personen im Haushalt, Einkommen, Menge regelmäßig eingekaufter Produkte) wird den Mitgliedern ein unterschiedlich hoher Mitgliedsbeitrag zugeordnet: Eine erwerbslose, allein erziehende Mutter zahlt so z.b. den niedrigsten Beitrag, während ein besser verdienendes kinderloses Paar entsprechend mehr zahlen kann.

Vielleicht möchte Ihre Food-Coop es ermöglichen, dass Personen ihren Anteil an Arbeitszeit mit Geld „frei kaufen" können, etwa weil sie durch Schichtarbeit oder erzwungene Überstunden nicht an den Arbeitsgruppen teilnehmen können. In diesem Fall bietet sich ebenfalls das Modell des gestaffelten Mitgliedsbeitrages an. Durch die Mehreinnahmen kann die Food-Coop evtl. mehr automatisieren, und den allgemeinen Arbeitsaufwand verringern.

Falls dieses Modell so beliebt wird, dass die meisten Mitglieder nicht mehr arbeiten möchten, kann die Food-Coop z.B. den Mitgliedsbeitrag für nicht in der Food-Coop Arbeitende erhöhen. Oder sie wandelt sich in Konsequenz in eine Food-Coop mit internem Ladengeschäft um.

4.7.1 Food-Coop-Konto

Richten Sie für die Food-Coop ein eigenes Girokonto ein. Dieses braucht keinen Dispo, da es durch die Kaution aller Mitglieder gedeckt ist (siehe Seite 76). Gebührenfreie Konten sind mittlerweile fast bei jeder Bank zu haben. Einige Geldinstitute arbeiten sogar nach ethischen Prinzipien.

Bestenfalls gibt es für das Girokonto mehrere Zugriffsberechtigte, meist sind das die Personen aus der Finanzgruppe. Hier gerät das Rotationsprinzip schnell an seine Grenzen, deswegen haben sich bei vielen Food-Coops personell feste Finanzgruppen gebildet, die aber jederzeit erweiterbar bleiben. Wegen der geringen Durchmischung mit anderen Arbeitsgruppen muss die Finanzgruppe besonders transparent arbeiten, so dass alle Vorgänge und Entscheidungen auch für andere Mitglieder einsehbar sind und in Frage gestellt werden können. Finanzielle Grundsatzentscheidungen werden im Voraus gemeinsam im Plenum getroffen.

Sie wollen das Geld der Food-Coop nicht in renditeträchtigen Rüstungsfirmen anlegen? Das Konto soll indirekt Geld für sinnvolle Projekte zur Verfügung stellen? Es gibt diverse Banken, die ethische Geldanlage betreiben, u.a. die GLS Bank, Ethikbank, Umweltbank und die Bank für Sozialwirtschaft.

Bei einer Änderung der Bankverbindung durch einen Kontowechsel müssen unbedingt alle Lieferanten informiert werden.

Bisherige Einzugsermächtigungen müssen Sie dann erneut erteilen. Alle Food-Coop-Mitglieder werden über den üblichen Weg informiert, am besten über mehrere Wochen hinweg, damit die neuen Kontodaten auch weniger aktive Mitglieder erreichen.

4.7.2 Mitgliedskonten

Alle Mitglieder führen ein persönliches Kontoblatt. Die Kontoblätter sind in einem Ordner zusammengefasst und verbleiben in den Räumen der Food-Coop. Als erster Betrag wird die gezahlte Kaution auf dem Kontoblatt vermerkt. Empfehlenswert ist eine Kaution in Höhe von 50 Euro. Dieses Geld dient als finanzieller Puffer für die Food-Coop und wird beim Austritt eines Mitgliedes zurückgezahlt.

Um in der Food-Coop einkaufen zu können, überweist jedes Mitglied einen selbst gewählten Betrag auf das Girokonto der Food-Coop und vermerkt diesen mit Angabe des Überweisungsdatums auf dem Kontoblatt. Dieses Geld ist quasi die persönliche Gutschrift, von der alle Einkäufe abgezogen werden. Die Summe jedes Einkaufs wird mit dem Einkaufsdatum in dem Kontoblatt notiert und mit der Gutschrift verrechnet. Das Mitglied behält somit einen Überblick, wie viel Geld es noch zur Verfügung hat. Bevor die Gutschrift aufgebraucht ist, wird wieder Geld überwiesen, da sich Großlieferanten vor jeder Lieferung ihren Warenwert vom Girokonto der Food-Coop holen. Befindet sich auf dem Konto nicht genügend Geld, wird die neue Ware nicht geliefert. Die interne Finanzgruppe kontrolliert die Führung des Kontoblattes, um Fehler bei der Abrechnung zu entdecken. Das Kontoblatt wird auch als Arbeitszeitkonto benutzt. Hier werden die geleisteten Arbeitsstunden notiert (siehe Seite 40). Ein Beispielkontoblatt finden Sie im Anhang und auf der Homepage ⊕ www.food-coop-einstieg.de zum Herunterladen.

4.7.3 Abrechnungszettel

Die persönlichen Abrechnungszettel werden am Einkaufstag verwendet, um die Preise zu notieren und die Gesamtsumme des Einkaufs zu berechnen. Jedes Mitglied erstellt sich seine eigene Rechnung und hinterlegt sie an einem dafür vorhergesehenen Ort. Diese Abrechnungszettel werden vom internen Finanzdienst auf rechnerische Richtigkeit überprüft. Ein Beispiel für ein Abrechnungsblatt finden Sie ebenfalls im Anhang.

Selbst produzierte Ware

Eventuell gibt es unter den Mitgliedern einige mit eigenem Garten, einem Huhn auf dem Hinterhof oder großer Lust, selbst Marmelade oder ähnliche Dinge herzustellen und in der Food-Coop zu verkaufen. Es ist relativ leicht, diese Produkte sauber in das hier beschriebene Food-Coop-System einzubinden. Die Produkte der Mitglieder werden einfach zusammen mit denen aus externen Bestellungen zum Verkauf angeboten. Damit keine Ware verdirbt, sollte eine größere Lieferung mit der Bestellgruppe abgesprochen werden. Um das finanzielle Risiko für die Food-Coop klein zu halten, sollte die Ware nur auf Kommission verkauft werden. Das bedeutet, dass der Food-Coop nur tatsächlich verkaufte Ware in Rechnung gestellt werden kann. Bleibt etwas von der selbst produzierten Ware übrig, geht das zu Lasten des Mitglieds, das die Ware angeboten hat.

Wurde selbst produzierte Ware verkauft, dann kann der Food-Coop dafür entweder eine Rechnung geschrieben werden, oder der Betrag wird dem Guthabenkonto des Mitglieds gut geschrieben. Falls Mitglieder teilweise verdorbene selbst produzierte Ware ins Schwundbuch eingetragen haben, dann wird dieser Betrag bei Kommissionsverkauf allerdings abgezogen, da dann dieses Risiko beim verkaufenden Mitglied liegt.

Achtung: Das verkaufende Mitglied ist ab einem bestimmten Umsatz aus rechtlicher bzw. steuerlicher Sicht Gewerbe treibend. Damit sind bestimmte gesetzliche Meldepflichten, Steuerzahlungen u.ä. verbunden, deren Nichteinhaltung teuer werden kann. Sollte sich aus den drei Gläsern Marmelade monatlich wesentlich mehr entwickeln, sollte sich die Herstellerin bzw. der Hersteller der Marmelade näher informieren.

Wenn in Ihrer Food-Coop der monatliche Arbeitseinsatz Pflicht ist, dann können sich die Mitglieder überlegen, ob sie das selbst Produzieren fördern wollen, indem dies als Arbeit für die Food-Coop abgerechnet werden kann. Dabei sollten Sie allerdings bedenken, dass industrielle Großgeräte wesentlich effektiver und somit ökologischer arbeiten, als es private Haushaltsgeräte tun.

4.7.4 Finanzen intern

Die Abrechnungen zwischen der Food-Coop und ihren Mitgliedern werden durch die interne Finanzgruppe überprüft. Diese kontrolliert die Abrechnungszettel und die Führung des persönlichen Kontoblattes jedes Mitglieds. Die interne Finanzgruppe behält zudem die individuellen Arbeitszeitkonten im Überblick (siehe Seite 40). Eine Person benötigt für diese Aufgaben wöchentlich etwa drei bis sechs Stunden. Die interne Finanzgruppe sollte insgesamt aus acht Personen bestehen und sich in zwei Untergruppen, eine für gerade und eine für ungerade Monate, teilen. Eine Person der internen Finanzgruppe teilt sich für gerade oder ungerade Monate ein und sucht sich eine feste Woche des Monats. Das heißt, diese Person überprüft beispielsweise immer die Zettel der dritten Woche jedes ungeraden Monats. Die anderen Mitglieder der Gruppe teilen sich ebenfalls nach diesem Muster ein, so dass keine Lücken mehr vorhanden sind. Dieser Plan sollte in der Food-Coop aushängen, damit bei Fragen oder Problemen schnell eine Ansprechpartnerin bzw. ein Ansprechpartner erreichbar ist.

Zur Überprüfung werden die wöchentlichen Abrechnungen der Mitglieder und das Kontobuch benötigt. Auch wenn es selbstverständlich klingt: Ein Taschenrechner ist hierbei unersetzlich!

Rechenfehler, vergessener Pfand oder falsches Addieren werden auf dem Abrechnungszettel notiert, jedoch nicht korrigiert. Der Abrechnungszettel wird bei dem jeweiligen Mitglied vor das Kontoblatt geheftet. Das Mitglied nimmt selbständig die Korrektur im Kontoblatt vor und legt den Abrechnungszettel an einen vorher vereinbarten Ort. Denkbar ist ein gesondertes Ablagefach in den Food-Coop-Räumen.

Ebenso wird die richtige Führung des Kontoblattes kontrolliert. Also ob der Wert des Einkaufs korrekt von dem Abrechnungszettel übertragen und vom persönlichen Guthaben korrekt abgezogen wurde. Auch hier werden die Mängel notiert und das Mitglied zur Korrektur aufgefordert. In einzelnen Fällen und nach Rücksprache mit dem Mitglied können die Korrekturen auch vom Finanzdienst selbst übernommen werden. Das stellt eher die Ausnahme dar, da jedes Mitglied so viele Aufgaben wie möglich selbst übernehmen sollte, um unnötige Delegationen zu vermeiden.

Treten keine Fehler auf, werden die Abrechnungszettel aller Mitglieder gebündelt nach Zeiträumen abgeheftet und aufbewahrt.

Die Aufgaben der internen Finanzgruppe sind abgeschlossen, wenn die wöchentlichen Abrechnungszettel kontrolliert und abgeheftet sind. Fehlerhafte Zettel liegen zur Korrektur im Kontobuch. Kontoblätter sind bei Bedarf mit entsprechenden Bemerkungen versehen und das Kontobuch steht wieder in der Food-Coop.

4.7.5 Finanzen extern

Neben der Finanzgruppe „intern" ist eine zweite Gruppe hilfreich, welche die Rechnungen der Lieferanten begleicht. Diese Finanzgruppe „extern" behält auch den Überblick über das Girokonto der Food-Coop, achtet auf die gezahlten Kautionen neuer Mitglieder und gleicht bei einem Austritt die Guthaben- und Zeitkonten ab. Für diese Gruppe empfehlen wir mindestens drei Personen. Nicht nur um den Arbeitsaufwand aufzuteilen, sondern auch um das Wissen über diese wichtigen Schritte zu verbreiten. Bei einer Food-Coop von 60 Personen nimmt die Kontaktaufnahme und Finanzverwaltung der Lieferanten, als auch das Abgleichen der persönlichen Kontostände der Mitglieder bei Ein- und Austritten wöchentlich bis zu einer Stunde ein. Für eine Inventur werden weitere Mitzählende und -rechnende benötigt. Bei einer Gruppe von sechs Leuten dauert die Inventur gute drei Stunden. Die Aufgaben des externen Finanzdienstes sind von zu Hause aus durchführbar. Aktuelle Kontoauszüge oder besser noch Zugriff auf das Girokonto der Food-Coop via Onlinebanking sollten vorhanden sein. Zudem werden die Rechnungen der Lieferanten und Pfandzettel gebraucht. Dazu wird der Rechnungsordner und das Kontobuch der Mitglieder aus der Food-Coop geholt. Die Kontaktdaten aller Mitglieder sind auch bei dieser Aufgabe hilfreich, falls Unstimmigkeiten auftauchen und konkretes Nachfragen nötig ist.

Ein enges Zusammenarbeiten zwischen der internen und externen Finanzgruppe ist wichtig, um ihre Informationen regelmäßig untereinander auszutauschen und Arbeitsprozesse zu erleichtern.

Folgende Aufgaben werden wöchentlich erledigt: Bei den Großlieferanten ist es üblich, die Rechnungen per Einzugsverfahren zu begleichen. Im Normalfall reicht hier also ein kurzer Blick, ob die eingezogene Summe der geschriebenen Rechnung entspricht. Wurden bei der Warenannahme oder beim Packen Differenzen zwischen Lieferung und Rechnung und berechtigte Reklamationen festgestellt, wird mit dem betreffenden Lieferanten die weitere Vorgehensweise ausgehandelt. In der darauf folgenden Woche wird dann kontrolliert, ob z.B. Gutschriften geleistet wurden.

Kleinere Lieferanten (Bauernhöfe) stellen ihre Ware meist in Rechnung. Der Rechnungsbetrag wird mit den eingetroffenen Waren, bzw. den Mitteilungen der Packgruppe abgeglichen und wenn keine Korrektur nötig ist, überwiesen. Zur Arbeitserleichterung bieten sich hier Sammelüberweisungen an, die vorher mit den Lieferanten abgestimmt werden müssen.

Ein freundlicher, kompromissbereiter Umgang mit den Lieferanten ist hier stets wichtig, da es immer wieder Fälle gibt, in denen Kulanz und Kooperation auf beiden Seiten notwendig wird.

Ein- und Austritte von Mitgliedern werden durch die externe Finanzgruppe verwaltet. Beim Eintritt wird die Überweisung der Kaution bestätigt und auf dem persönlichen Kontoblatt vermerkt. Dadurch wird ein neues Mitglied zum Einkaufen berechtigt. Beim Austritt eines Mitgliedes wird das Kontoblatt mit dem realen Guthaben auf dem Girokonto der Food-Coop abgeglichen und der betreffenden Person mitgeteilt. Finanzielle Außenstände sollten schnellstmöglich auf das Girokonto überwiesen, Überschüsse des Mitglieds am besten in Waren verrechnet werden. Ebenso wird das Arbeitszeitkonto geprüft. Liegt die Person im Minusbereich der geleisteten Arbeitsstunden, kann das mit der Kaution verrechnet werden. So kann beispielsweise bei 10 Minusstunden die Hälfte und bei 20 Minusstunden die gesamte Kaution einbehalten werden. Zuviel geleistete Arbeit wird der Food-Coop geschenkt. Dieser Bereich des Finanzdienstes ist gefühlsmäßig schwierig, da es oft zu persönlichen Ungereimtheiten mit Mitgliedern kommt. Deswegen sind hier gemeinsam vereinbarte, transparente Regeln wichtig. Alle Mitglieder müssen wissen, worauf sie sich einlassen.

Kommt es langfristig zu keinem zufriedenstellenden Umgang mit Arbeits- und Zeitkonto, bzw. werden abgesprochene Fristen nicht eingehalten, sollte das im Plenum diskutiert werden. Auf jeden Fall sollte es hier nicht zu personifizierten Konflikten kommen. Der Finanzdienst hat zwar den gesamten Überblick über die Arbeitszeit- und Guthabenkonten, ist aber nicht persönlich dafür da, die Regeln der Food-Coop bei den Mitgliedern durchzusetzen.

4.7.6 Inventur

Es empfiehlt sich, vierteljährlich eine Inventur durchzuführen, um den Überblick über die finanzielle Lage der Food-Coop zu behalten. Unstimmigkeiten zwischen Einnahmen und Ausgaben fallen dadurch schnell auf, so dass rechtzeitig reagiert werden kann.

Auf einen gemeinsamen Termin geeinigt, finden sich alle Mitglieder, die Interesse und Zeit haben, zur so genannten Inventurgruppe zusammen. Abhängig von der Anzahl der Beteiligten kann die Inventur drei bis sechs Stunden dauern. Um den finanziellen Stand der Food-Coop zu ermitteln, wird das Gesamtguthaben berechnet, was sich aus dem Wert an vorrätigen Waren, dem Wert des Pfandes durch noch nicht zurückgegebene Flaschen und Kästen und dem Girokontostand ergibt. Von diesem Betrag werden alle unbeglichenen Rechnungen bei Lieferanten oder Mitgliedern, andere Schulden, die Kautionen und der persönliche Kontostand aller Mitglieder anhand des Kontoblattes abgezogen.

Manchmal wird die Inventur sehr zeitintensiv weil beispielsweise einzelne Kontoblätter nicht korrekt oder unleserlich geführt wurden. Um dem zu begegnen, hilft es, die Kontoblätter einfach und klar zu gestalten. D.h. es sollte ausreichend Platz geben, um die Summe des Einkaufs mit dem dazu gehörigen Datum gut leserlich schreiben zu können und auch mal eine Korrektur im Blatt möglich ist. Dem Ladendienst obliegt die entscheidende Aufgabe, jedes neue Mitglied in die Kontoblattführung einzuweisen. Hierbei ist es relevant, klar und einfach die einzelnen Schritte zu vermitteln. Um das Überprüfen der Kontoblätter zu erleichtern, sollte jedes Mitglied darauf achten, das Datum und den Betrag der Überweisung des persönlichen Einkaufguthabens auf das Girokonto der Food-Coop korrekt in das Kontoblatt einzutragen. Stimmt das Datum der Überweisung im Kontoblatt nicht mit der real durchgeführten Überweisung überein, steht die Finanz- und Inventurgruppe vor einer langwierigen Suche im Kontoauszug der Food-Coop, um die Überweisung nachzuvollziehen. Wie bei allen Aufgaben und Arbeitsschritten sollten sich alle Mitglieder bewusst sein, dass ihr eigenes Agieren in der Food-Coop die Arbeit der anderen Gruppen erleichtert oder erschwert.

4.8 Instandhaltung

In diesem Abschnitt werden einige Aufgabenfelder beschrieben, an die Sie vielleicht nicht sofort denken, wenn Sie sich den typischen Ablauf in einer Food-Coop vorstellen. Für einen reibungslosen Ablauf sind sie aber von großer Bedeutung. Damit sie nicht unter den Tisch fallen, stellen wir sie hier gesondert vor.

4.8.1 Leergut & Pfand

In dieser Arbeitsgruppe dreht sich alles um die Entsorgung der Pfandflaschen und -kästen, die von den Mitgliedern nach der Benutzung zurück gebracht wurden bzw. gleich nach der Verteilung der Ware auf die Kisten wieder an die Lieferanten zurück gehen können.

Für die Entsorgung von Leergut und Pfand benötigt eine Person wöchentlich etwa 20 Minuten. Hinzu kommt die Inventur mit einem Aufwand von ungefähr einer Stunde. Die verantwortliche Person benötigt Stifte, einen Taschenrechner sowie die Pfandzettel der jeweiligen Anbieter.

In der Regel nehmen die Lieferanten die leeren Flaschen und Kästen mit, wenn sie die neue Ware liefern. Zu diesem, meist regelmäßigen Zeitpunkt, muss diese Aufgabe erledigt sein. Das heißt in der Praxis, dass alle Flaschen und Gläser in Kästen verpackt auf den Rollwagen der entsprechenden Lieferanten zur Abholung bereitstehen. Die Rollwagen sollten für die Lieferanten deutlich sichtbar positioniert werden. Gegebenenfalls ist es wichtig, sie zu markieren, damit die anderen Arbeitsgruppen sie nicht wieder be- oder entladen.

Während die Flaschen und Kästen zur Abholung bereitgestellt werden, ist es wichtig, jeweils Menge und Pfandwert auf dem Pfandzettel des Anbieters zu notieren, damit sie auch

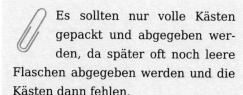 Es sollten nur volle Kästen gepackt und abgegeben werden, da später oft noch leere Flaschen abgegeben werden und die Kästen dann fehlen.

leicht abgerechnet werden können. Eine Kopie dieses Zettels

sollte im Rechnungsordner abgelegt werden, damit er mit der nächsten Rechnung des Lieferanten abgeglichen werden kann. Danach werden die übrigen leeren Getränkekästen so geordnet, dass die Mitglieder möglichst einfach ihre mitgebrachten leeren Pfandflaschen und -gläser hineinstellen können. Gibt es einmal mehr Gläser als Kästen, dann sollten sie an einem Ort so gesammelt werden, dass sie nicht aus Versehen zu Bruch gehen.

Zur Inventur wird der Bestand an Gläsern, Flaschen und Kästen gezählt und diese Daten zusammen mit dem jeweiligen Pfandwert an die Inventurgruppe übermittelt.

4.8.2 Altpapier- und Restmüllentsorgung

Diese Gruppe entsorgt alles, was nicht zurück an die Lieferanten geht, also hauptsächlich Verpackungsmaterialen wie anfallende Kartons, Papierreste oder Folien der Lieferungen. Durch die wöchentlichen Bestellungen fällt davon nicht gerade wenig an, darum lohnt sich eine eigene Arbeitsgruppe.

Eine Person benötigt wöchentlich ca. 20 Minuten für diese Aufgabe und ggf. ein Lastenrad oder ein Auto, um die großen Mengen zu entsorgen. Das hängt von der Größe Ihrer Food-Coop und der Entfernung des nächsten großen Papiercontainers ab.

Zu Beginn der Arbeit sollte in allen Räumen nach leeren Kartons gesucht werden. Ideal ist es, wenn Pack- und Ladendienst die während ihres Einsatzes leer gewordenen Kartons bereits an einem Ort gefaltet und gestapelt haben. In der Regel fällt derart viel an, dass eine kleine Papiertonne für die Entsorgung nicht ausreicht. In diesem Fall muss also das Material zu einem größeren Papiercontainer transportiert werden.

Besonders stabile Kartons und Kisten können im Bedarfsfall u.a. als Warenkisten genutzt werden. Es ist deshalb sinnvoll, einige der besten in einer ungenutzten Ecke zu stapeln, um z.B. jederzeit eine Kiste für neue Mitglieder zur Verfügung zu haben.

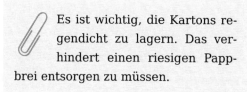 Es ist wichtig, die Kartons regendicht zu lagern. Das verhindert einen riesigen Pappbrei entsorgen zu müssen.

Neben dem Papiermüll behält dieser Dienst auch den Überblick, was die Entsorgung von Bio- und Restmüll betrifft.

Nicht selten bringen Mitglieder aus Versehen auch nicht über die Lieferanten entsorgbare Gläser mit in die Räume der Food-Coop. Deren Entsorgung fällt dann auch in den Aufgabenbereich dieser Gruppe.

4.8.3 Büroaufgaben und -organisation

Damit die notwendigen Verwaltungsaufgaben schnell und stressfrei erledigt werden können, ist eine gute Organisation der Arbeitsumgebung wichtig. Diese Gruppe kümmert sich um den Einkauf von notwendigen Verbrauchsmaterialien und die ordentliche Archivierung wichtiger Papiere.

Eine Person benötigt dafür weniger als eine Stunde pro Monat. Der Aufwand schwankt je nach Einkaufsbedarf. Voraussetzung ist Zugang zu den Räumen der Food-Coop.

Die Aufgabe beginnt mit der Kontrolle der vorhandenen Materialien und ggf. ihrer Entsorgung, falls sie nicht mehr brauchbar sind. Wichtig ist, dass allen Mitgliedern genügend Stifte und Taschenrechner für die Abrechnung zur Verfügung stehen. Mehrere Arbeitsgruppen benötigen zusätzlich regelmäßig Papier, Briefbögen und -umschläge, Briefmarken und ähnliches.

Falls noch Unterlagen wie Rechnungen oder Lieferscheine herumliegen, dann sollten diese in die entsprechenden Ordner geheftet werden, damit sie nicht verschwinden. Werden die jeweiligen Ordner zu voll, dann kann ein Großteil der veralteten Unterlagen in einen Archivordner geheftet werden, der dann etwas weiter abseits hingestellt wird. Es ist außerdem wichtig, den Bestand an Formularen, wie z.B. der Abrechnungszettel, zu kontrollieren. Drohen diese auszugehen, müssen neue kopiert werden.

Es lohnt sich, Nachkäufe und Kopien großzügig anzugehen. Das spart unnötige Wege.

4.9 Mitgliederverwaltung

Verschiedene Gruppen, vor allem Ladendienst, Finanzdienst und Bestelldienst, arbeiten mit den Mitgliederdaten. Die Mitgliederverwaltung wird dadurch zu einer Querschnittsaufgabe dieser Gruppen. Die jeweiligen Verantwortlichkeiten werden aus diesem Grund auch bei diesen Gruppen beschrieben.

Gestaltet sich die Absprache mit den einzelnen Mitgliedern schwierig, dann kann in der Food-Coop ein Zettel mit den Kontaktdaten der Mitglieder ausgehängt werden. Jedes Mitglied sollte markieren, auf welchem Weg es am besten zu erreichen ist.

4.9.1 Mitgliederlistenverwaltung

Damit die Mitgliederliste ihren Zweck erfüllt, muss sie regelmäßig aktualisiert werden. Das schließt nicht nur die Eintragung neuer Mitglieder, sondern auch das Aktualisieren der Kontaktdaten der Personen ein, die schon länger dabei sind.

Für vergessliche Mitglieder und einen besseren Überblick über alle, die in der Food-Coop mitmachen, bietet sich eine Wand mit lustigen Fotos und Namen der Mitglieder an. So lassen sich „vertraute" Gesichter namentlich leicht zuordnen. Wer möchte, kann sich so den anderen vorstellen.

Eine Person benötigt für die Aktualisierung ca. eine Stunde monatlich. Voraussetzung für die Erledigung dieser Aufgabe ist der Zugang zur bestehenden Liste und zu den Daten, die sich geändert haben. Die Tabelle wird am besten elektronisch verwaltet, also sollte Zugang zu einem Computer bestehen.

Für die Food-Coop wichtige Informationen sind der Name des Mitglieds, die Kontaktdaten (Telefonnummer und E-Mailadresse) und am besten noch die Arbeitsgruppe, in der die jeweilige Person tätig ist. Andere Informationen, z.B. die Adresse, sind für die Food-Coop nicht relevant, und sollten deshalb auch nicht gespeichert werden.

Um diese Aufgabe systematisch anzugehen, sollten zu Beginn

die aktuellen Änderungen aus den verschiedenen Quellen zusammengesammelt werden. Haben Mitglieder per E-Mail ihre neuen Kontaktdaten übermittelt? Gibt es handschriftliche Anmerkungen an der ausgehängten Kontaktliste? Steht im Protokoll des letzten Plenums etwas zu ausgestiegenen oder hinzugekommenen Mitgliedern?

Es spart sehr viel Arbeit, wenn die Informationen elektronisch verwaltet werden. Die einfachste Möglichkeit dazu ist eine Tabelle, z.B. in OpenOffice. Der Nachteil dieser Lösung ist, dass die gesamten Daten immer nur auf einem Computer liegen. Alternativ dazu hat einer der Autoren dieses Buches ein Programm geschrieben, das die Verwaltung über eine Webseite ermöglicht. Dadurch können mehrere Personen über das Internet diese Aufgabe übernehmen. Da es sich bei dem Programm um Software mit freier Lizenz handelt, können Sie es über die Seite ● www.food-coop-einstieg.de erhalten.

Wurden die Informationen aktualisiert, dann müssen sie noch veröffentlicht werden. Wichtig ist vor allem ein neuer Aushang in den Räumen der Food-Coop. Außerdem sollte die neue Tabelle an die Finanzgruppe weitergeleitet werden.

4.9.2 Weitere Aspekte der Mitgliederverwaltung

Wenn in Ihrer Food-Coop mit Arbeitszeitkonten oder monatlichen Beiträgen gearbeitet werden soll, dann sollte es für die Mitglieder die Möglichkeit geben, ihre Mitgliedschaft pausieren zu lassen, z.B. für auswärtige Praktika, Schwangerschaften, Elternzeiten u.ä. Während der Pause werden dann keine monatlichen Beiträge erhoben. Das Bestellen ist dann allerdings auch nicht möglich. Pausen in monatlichen Schritten sind ein Kompromiss zwischen geringem Verwaltungsaufwand für die Food-Coop und den Interessen des Mitglieds, aber natürlich kann jede Gruppe das frei festlegen.

4.9.3 Ein- und Austritt von Mitgliedern

Ein neues Mitglied ist formal in die Food-Coop aufgenommen, wenn der Aufnahmeantrag ausgefüllt und die Kaution auf das Girokonto der Food-Coop überwiesen wurde.

Je nach Rechtsform Ihrer Food-Coop ist zur Beendigung einer Mitgliedschaft ein formaler Austritt notwendig. Auf jeden Fall sollte das jeweilige persönliche Guthaben- und Arbeitszeitkonto vor dem Austritt aktualisiert werden.

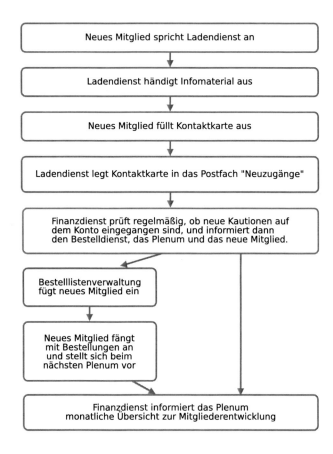

Informationsfluss bei der Aufnahme eines neuen Mitglieds

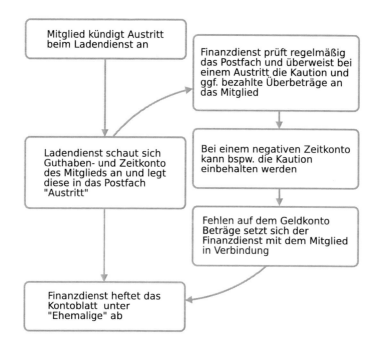

Austritt eines Mitglieds

4.10 Kommunikation

Eine Food-Coop lebt vom ehrenamtlichen und freiwilligen Engagement ihrer Mitglieder. Ihr gutes Funktionieren hängt also zum großen Teil von der Eigenmotivation aller Beteiligten ab. Wichtig dafür sind transparente Vorgänge und Entscheidungen. Gerade auch für Mitglieder, die einige Wochen weniger aktiv waren oder nicht zum Plenum kommen konnten, sollten aktuelle Entwicklungen nachvollziehbar sein. Dafür ist eine regelmäßige, allen zur Verfügung stehende Dokumentation notwendig. Andernfalls kann sich schnell (und ohne Absicht!) eine kleinere Gruppe von Insidern entwickeln, die über die Abläufe Bescheid wissen, und deren Meinung deshalb mehr Gewicht verliehen wird. Wenn andere Mitglieder sich dann auf die Insider verlassen, Verantwortung abgeben und in Folge weniger an Food-Coop-internen Prozessen teilhaben, dann dauert es nicht lange, bis größere Probleme auf die Food-Coop zukommen. In diesem Kapitel geben wir einige praktische Tipps und konkrete Hinweise, mit denen es etwas leichter wird, die auftretenden Klippen gefahrlos zu umschiffen. Fest steht, dass sich diese Hürden nicht gänzlich vermeiden lassen, deswegen will der Umgang mit ihnen gelernt sein.

4.10.1 Treffen aller Mitglieder – das Plenum

Plena, also Treffen möglichst aller Mitglieder, sind in der Regel der Ort, an dem die zentralen Entscheidungen in einer Food-Coop getroffen werden. Plena sind als Form der Organisation eines Gruppentreffens sehr beliebt, wohl hauptsächlich wegen ihrer leichten Organisation. Oft erwachsen sie auch einfach aus den kleinen Treffen der Gruppe, die die Food-Coop ursprünglich gegründet hat. Diese Form der Kommunikation hat allerdings auch einige Tücken, deren Vermeidung mit diesem Abschnitt erleichtert werden soll.

Organisation eines Plenums

Voraussetzung für einen gelungenen Ablauf eines Plenums ist eine gute Organisation. Der Aufwand dafür ist kleiner, als Sie jetzt vielleicht befürchten, und spätestens mit einem entspannt und produktiv abgelaufenen Treffen hat sich die Investition gelohnt. Es sind nur wenige Punkte zu beachten:

Klare Termine

Alle Mitglieder müssen erfahren, wann und wo Treffen geplant sind. Am einfachsten funktioniert dies, wenn Treffen immer zum gleichen Zeitpunkt stattfinden, beispielsweise am ersten Mittwoch jedes Monats. In jedem Fall sollte der nächste Termin rechtzeitig veröffentlicht werden, entweder am schwarzen Brett oder, falls vorhanden, über die Mailingliste.

Agenda vorher festlegen

Ideal ist es, wenn die Themen, die auf dem Plenum besprochen werden sollen, bereits vor Beginn gesammelt werden. Das erhöht zum einen den Anreiz für Mitglieder, auch zum Treffen zu kommen, da sie dann schon absehen können, was sie inhaltlich erwartet. Außerdem kann das Plenum dann kürzer gehalten werden, da nicht erst besprochen werden muss, worüber Sie eigentlich sprechen wollen.

Wiederkehrende Tagesordnungspunkte

Damit wiederkehrende Punkte wie Organisatorisches, Ein- und Austritte, der aktuelle Stand der Finanzen usw. nicht unter den Tisch fallen, bietet es sich an, diese als Standardthemen in jede neue Agenda aufzunehmen.

Gleich zu Beginn Aufgaben verteilen

Die Aufgaben des Protokollierens und Moderierens sollten spätestens zu Beginn des Treffens verteilt werden, optimal sogar davor. So können sich die jeweiligen Personen auf ihre Aufgabe vorbereiten, indem sie sich z.b. gutes Schreibmaterial oder ein Notebook mitbringen.

Ablauf eines Plenums

In einem Plenum können sich grundsätzlich alle Anwesenden zu Wort melden, wenn sie das möchten. In der Realität hat sich allerdings erwiesen, dass einige Menschen aus verschiedenen Gründen Vorteile gegenüber anderen haben, wenn es darum geht, die eigene Meinung zu transportieren. So hat die Praxis gezeigt, dass z.b. Männer es in der Regel leichter haben, sich in einem Plenum durchzusetzen. Das liegt zum einen einfach an der Stimme, die oft kräftiger als die einer Frau ist, zum anderen aber auch an den Rollenbildern in unserer Gesellschaft: Männern wird es meist nachgesehen, wenn sie klar ihre Meinung äußern oder auch in Konflikte gehen. Frauen laufen hier leichter Gefahr, als zickig oder gar hysterisch betrachtet zu werden und kommunizieren deshalb oft ruhiger und defensiver.

Auch gibt es einfach unterschiedliche Kommunikationspersönlichkeiten: Die einen antworten oft sofort auf getroffene Aussagen, während andere Argumente erst einige Sekunden bedenken, bevor sie dazu Stellung nehmen. Letztere können also leichter übertönt werden, wenn sie sich nicht beeilen.

Werden solche Probleme nicht beachtet, dann kann es sehr leicht passieren, dass in einem Plenum von 20 Personen in Wirklichkeit nur immer dieselben fünf Personen reden. Um dies zu vermeiden, hat es sich als nützlich erwiesen, dass eine Person die Moderation übernimmt. Kommt es zu unruhigeren Diskussionen, dann sammelt diese Person die einzelnen Wortmeldungen der Anwesenden. Diese kommen dann hintereinander an die Reihe. Gleichzeitig passt die Moderation auf, dass Einzelpersonen nicht zu lange reden und damit evtl. anderen keinen Raum mehr lassen. Auf diese Weise redet immer nur eine Person, und kann dies auf die jeweils eigene Art tun. Die Person, die redet, muss sich nicht mehr gehetzt fühlen. Und die anderen haben die Möglichkeit, sich alle Argumente der Reihe nach anzuhören und darüber nachzudenken. Auf diese Weise haben alle einen Vorteil aus der Regelung. Und interessanterweise kommen Sie so oft schneller zu einem Ergebnis, weil Diskussionen leichter sachlich bleiben.

4.10.2 Protokoll

Protokolle sollen die Kernpunkte eines Gespräches wiedergeben. Für die Teilnehmenden des Gesprächs fungiert es im Nachhinein als Gedächtnisstütze. Je nach Art und Umfang des Protokolls kann es auch für Menschen, die nicht am Gespräch teilgenommen haben, ein gutes Mittel sein, um informiert zu bleiben und getroffene Entscheidungen nachvollziehen zu können.

Je nach Struktur der Niederschrift unterscheidet man in Ergebnisprotokoll und Verlaufsprotokoll. Beiden gemein ist ein Kopfteil, der Datum, ggf. Anlass des Treffens und die Namen der Anwesenden enthält. Ein Ergebnisprotokoll enthält im Hauptteil dann die Entscheidungen der Gruppe bzw. Berichte einzelner Personen. Es wird hier aber nicht der Weg skizziert, wie es zu den Entscheidungen gekommen ist. Dies ist der Unterschied zum Verlaufsprotokoll. Mit einem Verlaufsprotokoll kann man nicht nur die Entscheidung nachvollziehen, sondern auch die Kontroversen und Positionen einzelner Personen, die letztlich zu ihr geführt haben.

Falls Sie noch keine nähere Erfahrung mit der Protokollführung gemacht haben, dann fangen Sie einfach mit einem Ergebnisprotokoll an, denn bei dieser Variante ist der Schreibaufwand einfach geringer. Am Anfang kann es etwas schwierig sein, gleichzeitig teilzunehmen und zu protokollieren. Optimal wäre es natürlich, wenn die Protokoll führende Person nicht inhaltlich teilnehmen würde, aber das lässt sich in Gruppen wie einer Food-Coop in der Regel schwer einrichten.

Protokolle sind ein wichtiges Instrument für die Aufrechterhaltung der Transparenz in einer Gruppe. Damit ein Protokoll seine Aufgabe auch erfüllt, muss es allerdings nicht nur geschrieben, sondern auch so veröffentlicht werden, dass es von denjenigen, die nicht am Treffen teilgenommen haben, mit möglichst geringem Aufwand gelesen werden kann. Hier bietet sich ein Aushang in den Räumen der Food-Coop an. Falls es eine regelmäßig erscheinende Zeitung der Food-Coop gibt, dann kann es auch hier veröffentlicht werden. Besonders schnell und effektiv klappt die Verteilung des Protokolls über eine Mailingliste.

Noch ein Tipp: Wenn Sie verteilte Aufgaben festhalten, dann achten Sie darauf, dass immer feststeht, wer sie erledigt und bis wann das passiert. Fragen Sie im Zweifel ruhig noch einmal nach. Falls Sie Sorgen haben, zu fordernd zu wirken, dann formulieren Sie die Frage einfach so, dass Sie diese Details durch das Schreiben nicht richtig mitbekommen haben. Es ist in jedem Fall aber sehr wichtig, dass Aufgaben klar zugeordnet werden, andernfalls ist es reine Glückssache, wenn sie tatsächlich erledigt werden.

4.10.3 Kommunikationsmedien

Es gibt eine Vielzahl von Medien, die zur Kommunikation der Mitglieder untereinander genutzt werden können. Sie haben alle ihre technischen Vor- und Nachteile. Der wichtigste Punkt für eine effektive Anwendung ist jedoch, dass sich alle Mitglieder darüber im Klaren sind, welches Medium für welche Informationen genutzt wird.

E-Mailadresse

Eine feste E-Mailadresse für die Food-Coop fungiert als Schnittstelle für Lieferanten und an der Food-Coop Interessierte. Die E-Mails müssen natürlich regelmäßig gelesen und beantwortet werden. Dafür ist es auch wichtig, den Zugriff auf das E-Mailkonto für mehrere Personen einzurichten, um die Adresse auch in Fällen wie Krankheit, Urlaub usw. nutzen zu können. Wenn mehrere Personen Zugriff haben, muss allerdings darauf geachtet werden, dass es klare Absprachen gibt, wer für die eingehenden E-Mails verantwortlich ist. Möglich ist hier z.b., die Verantwortlichkeit monatlich zu wechseln, oder es kümmert sich immer dieselbe Person.

Fax

Die Möglichkeit, Faxe zu verschicken, ist hauptsächlich für Bestellungen bei einigen Lieferanten wichtig. Zum Faxversand ist nicht unbedingt ein Faxgerät erforderlich. Mittlerweile lassen sich diese auch am Computer über das Internet verschicken. Benötigt wird dazu ein Scanner, um die Dokumente zu digitalisieren.

Food-Coop-Zeitung

Über eine interne Zeitung lassen sich alle Mitglieder regelmäßig zu aktuellen Vorgängen informieren. Inhalte können Protokolle der Plena, Mitgliederwechsel, Veranstaltungen zu Food-Coop-relevanten Themen, Rezepte der Saison und ähnliches sein. Der Aufwand ist allerdings nicht zu unterschätzen. Wenn sich darauf verlassen wird, dass die Mitglieder durch die Zeitung mit wichtigen Informationen versorgt werden, dann muss auch auf eine regelmäßige Verteilung geachtet werden. Es bietet sich z.B. an, die jeweils neueste Ausgabe in alle Warenkisten zu legen.

Mailingliste

Eine Mailingliste bietet den Beteiligten die Möglichkeit zum Austausch von Informationen und zur Diskussion über beliebige Themen. Die zu verteilende Nachricht wird an eine zentrale Adresse geschickt und anschließend von der Mailinglistensoftware an die E-Mailadressen aller eingetragenen Mitglieder weitergeleitet. Eine Mailingliste für die Food-Coop kann die Zeitung zum großen Teil ersetzen und ist dann flexibler und weniger aufwändig. Sie setzt aber voraus, dass alle Mitglieder halbwegs regelmäßig ihre E-Mails lesen. Ansonsten bietet sich auch eine Mischform an. Dazu wird die Zeitung digital erstellt und verschickt, einige Exemplare werden anschließend ausgedruckt und in den Food-Coop-Räumen hinterlegt. Mailinglisten haben gegenüber der Zeitung zusätzlich den Vorteil, dass neue Informationen schneller und unaufwändiger verbreitet werden können, wodurch sie eventuell auch für Veranstaltungshinweise und ähnliches genutzt werden kann. Dadurch wird die Food-Coop mehr als nur ein Ort, an dem man Nahrungsmittel einkauft.

Es gibt verschiedene Anbieter, bei denen Sie eine Mailingliste kostenfrei einrichten können. Eine Auswahl stellen wir auf der Webseite zum Buch vor.

Kontaktliste / Telefonliste

Alle Mitglieder sollten mindestens eine Telefonnummer hinterlassen. So kann in dringenden Fällen schnell und direkt nachgefragt werden.

Pinnwand / Schwarzes Brett

Eine Aushangswand ist die ideale Schnittstelle für Fragen, die direkt vor Ort geklärt werden können. Üblicherweise bietet sich eine große Kreidetafel oder ein Whiteboard an. Damit können tagesaktuelle Details festgehalten und anderen Mitgliedern mitgeteilt werden. Dort können Informationen wie „Heute wurde keine Milch geliefert." oder „Joghurt muss dringend aus dem Kühlschrank." platziert werden. Eine zusätzliche Pinnwand eignet sich dann besser, um langfristigere Themen zu publizieren. Beliebt sind Rubriken wie „Suche / Biete" oder Flyer aller Art. Soll diese Wand aber für andere wichtige, die Food-Coop betreffende Inhalte genutzt werden (etwa als Ersatz für eine Zeitung oder Mailingliste), dann muss das allen Mitgliedern klar sein, damit sie auch bei jedem Besuch nach Neuigkeiten schauen. Ansonsten können wichtige Informationen, obwohl sie durch die Pinnwand öffentlich zugänglich sind, im Zettelwirrwar leicht übersehen werden.

4.10.4 Außendarstellung & Werbung

Von den verschiedenen Gründen, warum eine Food-Coop für sich werben möchte, ist die Suche nach weiteren Mitgliedern vermutlich der häufigste. Neue Mitglieder können z.b. aufgrund eines Umzugs ausgetretene Personen ersetzen und dadurch die Schrumpfung der Gruppe verhindern. Oder die Food-Coop möchte wachsen, um seltener Probleme mit dem Erreichen von Mindestbestellmengen oder Gebindegrößen zu bekommen. In jedem Fall ist es im Interesse der Gruppe, dass andere Interessierte von der Existenz der Food-Coop erfahren.

Der erste und einfachste Schritt ist hier wohl der Eintrag in die Datenbank der Foodcoopedia, einem Web-Verzeichnis mit Lebensmittelkooperativen aus ganz Deutschland. Eine Eintragung dauert nur wenige Minuten, ermöglicht aber, dauerhaft im Internet gefunden zu werden. Wenn Muße und Interesse in der Gruppe vorhanden sind, dann lohnt es sich, eine Webseite zu erstellen, die die eigene Food-Coop und ihre Prinzipien vorstellt. Dies ermöglicht es Interessierten, schnell einen Einblick in Betrieb und Philosophie Ihrer Food-Coop zu erhalten. Platz für Ihre Webseite gibt es im Internet auch kostenlos, so dass Sie außer etwas Zeit auch für diese Variante der Öffentlichkeitsarbeit nichts investieren müssen.

Auch lokal gibt es viele Möglichkeiten, auf sich aufmerksam zu machen. Aushänge an öffentlichen Orten, wie Universitäten oder Einkaufszentren sind kostenlos, schnell geschrieben und können potentiell von einer Vielzahl an Menschen gesehen werden. In den meisten Orten werden kostenlose werbefinanzierte Zeitungen verteilt, die größtenteils Lokalnachrichten enthalten. In der Regel sind die Redaktionen sehr offen für Einsendungen aus der Leserschaft, so dass dies eine effektive Möglichkeit darstellt, bekannter zu werden. Diese Variante ist auch kostenlos, allerdings ist der Aufwand etwas größer als beim Verteilen von Aushängen, denn ein sorgfältig formulierter Text hat eine höhere Wahrscheinlichkeit, auch tatsächlich in der Zeitung veröffentlicht zu werden.

In größeren Ortschaften haben sich häufig freie Radio- und Fernsehsender etabliert, deren Inhalte von ehrenamtlich Engagierten erarbeitet werden. Sie können eine sehr gute Möglichkeit der Öffentlichkeitsarbeit bieten, die einen besseren Eindruck von der guten Atmosphäre Ihrer Lebensmittelkooperative vermitteln kann, als das mit reinem Text möglich ist. Allerdings ist der Aufwand für die Erstellung selbst kleinerer Sendungen nicht zu unterschätzen. Es schadet aber auch nicht, einfach mal unverbindlich vorbeizuschauen. Vielleicht gibt es dort ja bereits eine Gruppe, die auf der Suche nach einem neuen Thema für die Lokalsendung ist.

Eine etwas teurere Möglichkeit ist der Druck von Flyern, die dann an öffentlichen Orten verteilt werden können. Allerdings wird auch hierbei die Food-Coop nicht arm. Mittlerweile kann man 5000 Flyer für deutlich unter 100 Euro drucken lassen.

Es gibt sicher noch viele andere Varianten, auf sich aufmerksam zu machen. Die Wahl der Mittel liegt nicht zuletzt auch daran, wie die Interessen und Kompetenzen der Gruppe liegen. Wenn niemand daran Freude hat, eine Webseite zu erstellen, dann muss man dies natürlich nicht erzwingen. Gibt es dagegen Personen, die sehr gerne schreiben, dann ist der Artikel in der kostenlosen Lokalzeitung vielleicht eine bessere Wahl. Die Arbeit in der Food-Coop soll ja schließlich allen Beteiligten auch Freude bereiten.

4.10.5 Software

In diesem Leitfaden beschreiben wir eine Organisationsmethode für Food-Coops, die zum größten Teil mit Papier und Stift arbeitet. Es gibt aber die Möglichkeit, mit Hilfe von Software die verschiedenen Arbeitsabläufe zu organisieren und zu verwalten. In diesem Abschnitt stellen wir Ihnen verschiedene Programme und Werkzeuge vor, die die Mitglieder in ihren Aufgaben und Arbeitsabläufen unterstützen können. Dadurch wird gerade in großen Food-Coops ein zeiteffizientes, einfaches Zusammenarbeiten ermöglicht.

So kann beispielsweise die Verwaltung der Mitglieder oder die Dokumentation von Arbeitsabläufen mit Hilfe von Wikis stattfinden. Mit E-Mail oder Mailinglisten kann eine schnelle und effektive Kommunikation untereinander betrieben werden. Für die Buchhaltung gibt es spezielle Finanzverwaltungsprogramme und die Kontoverwaltung lässt sich leicht per Onlinebanking abwickeln. Diese Ansätze ermöglichen verteiltes und hierarchiearmes Arbeiten, da alle Personen zu jeder Zeit auf ihre Verwaltungen zugreifen und sich informieren können.

Die Mitglieder müssen sich zusammen entscheiden, ob und in welchen Bereichen sie eine bestimmte elektronische Lösung anwenden wollen. Achten Sie darauf, dass es sich um Freie bzw. Open-Source-Software handelt, also Programme, die für jeden Zweck genutzt, studiert, bearbeitet und in ursprünglicher oder veränderter Form weiterverbreitet werden dürfen. Natürlich sind auch der Kenntnisstand und die Nutzungsgewohnheiten der Mitglieder ein wichtiger Entscheidungsfaktor.

Da Internetadressen in der Regel recht schnell altern, haben wir uns dafür entschieden, alle hier vorgestellten Lösungen auf 🌐 www.food-coop-einstieg.de zu verlinken. So können wir die Links auch nach der Drucklegung für Sie aktuell halten.

Im Folgenden finden Sie eine Sammlung von Arbeitsfeldern und den passenden elektronischen Lösungen, mit denen diese einfacher gestaltet werden können.

Dokumentation und Planung: Wikis

Ein Wiki ist eine Sammlung von Webseiten, deren Inhalte schnell und einfach, wie in einem Textverarbeitungsprogramm, von den Beteiligten verändert werden können. Das wohl berühmteste Beispiel ist das Projekt Wikipedia. Wikis sind immer dann geeignet, wenn eine Wissenssammlung erstellt werden soll, an der mehrere Menschen schreibend und lesend beteiligt sind. Bei Food-Coops sind sie also besonders praktisch für:

- Einstiegshilfen für neue Mitglieder,
- Anleitungen und Hilfestellungen für die einzelnen Arbeitsgruppen,
- Datenbestände wie z.b. Mitgliederlisten,
- Planung größerer Veränderungen oder Veranstaltungen,
- Archiv, z.B. für Protokolle, Rezepte der Saison usw.

Ein kostenfreies Wiki können Sie beispielsweise bei ❸ www.wikia.com erstellen.

Bestellung und Abrechnung: Foodsoft

Die speziell für Food-Coops entwickelte Open-Source-Software Foodsoft automatisiert die Bestellung und Abrechnung der Produkte. Einer der Entwickler stellt das Programm für Sie detailliert im folgenden Exkurs vor.

Buchhaltung: GnuCash

Sobald die Food-Coop eine gewisse Größe erreicht hat, wird eine elektronische Buchhaltung fast zwingend notwendig. GnuCash ist ein freies Buchführungsprogramm, das dafür genutzt werden kann. GnuCash hat einen sehr großen Funktionsumfang: Sie können damit eine vollständige Bilanz führen („doppelte Buchhaltung"), das Onlinekonto abfragen und Überweisungen direkt vom Programm aus durchführen. Es bietet auch umfangreiche Möglichkeiten, Jahresabschlüsse und Visualisierungen von Einnahmen und Ausgaben zu generieren.

Foodsoft

Die Foodsoft ist eine, per Webbrowser bedienbare, Software für die Organisation von Bestell- und Lager-Food-Coops. Entwickelt wurde die Software kurz nach der Neugründung der FC Schinke09, einer Berliner Lebensmittelkooperative, die ihre Bestellung zuerst in Sitzrunden organisierte. Diese Form hatte einigen Charme, aber war auch gleichzeitig mit einem ungeheuren Zeitaufwand verbunden. Eine andere Lösung musste gefunden werden.

Zum Glück gab es in der Food-Coop auch ein paar Computerfachleute, die sich gleich dazu berufen fühlten, eine Software für die dringendsten Aufgaben zu entwickeln. Am Anfang war das im Wesentlichen eine einfache Webseite für die Bestellung über das Internet, die dann auch automatisch die Zuordnung der gelieferten Waren auf die verschiedenen Mitglieder durchführte. Um es einfacher auszudrücken: Drei Kisten Milch mit 18 Flaschen müssen auf unterschiedlich hungrige Mitglieder verteilt werden.

Mittlerweile ist die Software um diverse weitere Funktionen erweitert worden und erleichtert die tägliche Arbeit in der Food-

Coop enorm, denn der Bürokratieaufwand einer Food-Coop sollte nicht unterschätzt werden. Sehr häufig hantieren die Mitglieder dabei mit vielen Zahlen. Und rechnen können Computer
bekanntlich immer besser.

Im täglichen Einsatz

Anhand der unterschiedlichen Arbeitsschritte in der FC Schin-
ke09 wird nun exemplarisch gezeigt, wie die Foodsoft eingesetzt werden kann:

Alles beginnt mit gefüllten Konten der Mitglieder. Dazu überweisen diese ihr Geld auf das gemeinsame Girokonto, was einmal pro Woche überprüft wird. Das Geld wird den virtuellen
Guthabenkonten der Mitglieder in der Foodsoft gutgeschrieben.
Das ist insofern notwendig, da ein Bestellen nur mit ausreichen-
dem Guthaben möglich ist.

Donnerstag:

Die Artikellisten der Lieferanten werden, teilweise automatisch,
aktualisiert. Es wird eine Auswahl aus den zum Teil riesigen
Artikellisten zum Bestellen online gestellt.

Freitag bis Sonntag:

Die Mitglieder der Food-Coop gehen auf die Bestellwebseite .
und stellen sich ihre gewünschten Produkte per Mausklick zusammen.

Montag:

Die Bestellung wird beendet und die Software ermittelt die Gebinde. Sind z.B. insgesamt 19 Liter Milch gewünscht, wird daraus, aufgrund der vorgegebenen Gebindegröße, eine Bestellung

von drei Kisten (18 Liter) an den Lieferanten erstellt. Für das Bestellen beim Lieferanten gibt es einfache Fax-Vorlagen oder PDF-Dokumente.

Dienstag:

Die Artikel werden geliefert und mittels übersichtlicher Listen auf die Kisten der unterschiedlichen Mitglieder verteilt. Anschließend kommen die Mitglieder vorbei und holen die Waren ab. Nach einer Lieferung erfolgt der Abgleich zwischen bestellten und gelieferten Waren, denn ab und zu kommen bestimmte Artikel nicht. Diese dürfen den Bestellenden dann natürlich nicht durch die Software berechnet werden. Dafür gibt es ebenfalls eine entsprechende Webseite. So ist die Abrechnung oftmals mit wenigen Mausklicks gemacht.

Jederzeit:

Um sich die Aufgaben untereinander gut aufzuteilen, gibt es außerdem einen Aufgabenplaner und ein internes Nachrichtensystem, das bei Bedarf auch richtige E-Mails verschicken kann.

Entwicklung

Die Foodsoft ist jetzt, 2009, bereits fast 6 Jahre in der FC Schinke09 im Einsatz und hat sich bewährt. Mittlerweile wird sie auch von weiteren Food-Coops eingesetzt, auch über die Landesgrenzen hinweg. Es gibt aber auch schon wieder diverse Verbesserungs- und Erweiterungsvorschläge. Für die Zukunft sind wichtige Neuerungen wie eine Lagerverwaltung, vollständige Finanzbuchhaltung mit Bilanzerstellung, ein Wiki für die Wissenssortierung und Aufgabenerinnerungen für die Mitglieder in Arbeit.

Die Software ist ein freies Open-Source-Projekt, d.h. sie kann ohne Einschränkungen genutzt und sogar an die eigenen Bedürfnisse angepasst werden. Bei Interesse an der Nutzung oder Weiterentwicklung freut sich das Entwicklerteam über eine E-Mail an foodsoft@foodcoops.net. Mehr Informationen gibt es im Internet unter ❸ www.foodcoops.net.

4.11 Rechtliches

Dieser Abschnitt ermöglicht Ihnen einen kurzen Einstieg in die rechtlichen Fragen, die die Gründung einer Food-Coop früher oder später mit sich bringt. Da wir keine Juristinnen oder Juristen sind, kann er eine fachliche Beratung natürlich nicht ersetzen. Das ist auch gar nicht gewollt, vielmehr stellen die nächsten Seiten einen Überblick über die Problemstellungen dar, die wichtig werden können.

4.11.1 Rechtsformen von Food-Coops

Die Rechtsform bildet die juristische Hülle der Food-Coop nach außen, also z.B. zu den Lieferanten. Außerdem regelt sie (mehr oder weniger ausgeprägt) die rechtlichen Beziehungen der Mitglieder untereinander. Vorab: Genau so wenig, wie es eine ideale Food-Coop gibt, gibt es die ideale Rechtsform für alle Lebensmittelkooperativen. Jede Variante hat vielmehr ihre jeweiligen

Vor- und Nachteile, so dass jede Food-Coop selbständig recherchieren muss, welche Form für ihre Ausrichtung am besten geeignet ist. Dieser Abschnitt bietet dazu einen Einstieg in die Materie, ist aber keinesfalls ausreichend.

Ein Hinweis: Eine Food-Coop hat immer eine Rechtsform, ob Sie sich bewusst eine wählen oder nicht. Die wichtigsten Rechsformen stellen wir Ihnen nachfolgend vor.

Bei allen Angaben in diesem Abschnitt handelt es sich um Ausführungen zu deutschem Recht (2009). In anderen Ländern wird es Abweichungen geben.

Gesellchaft bürgerlichen Rechts (GbR)

Wird eine Food-Coop vertraglich nicht geregelt, handelt es sich bei ihr rechtlich um eine Gesellschaft bürgerlichen Rechts. Die GbR ist die einfachste Rechtsform. Sie entsteht automatisch, sobald mindestens zwei Personen eine wirtschaftliche Beziehung miteinander eingehen. Der gemeinsame Einkauf von Waren stellt eine solche wirtschaftliche Beziehung dar. In einer GbR sind alle Mitglieder persönlich, d.h. mit ihrem Privatvermögen, voll haftbar und das nicht nur für eigene Handlungen. Problematisch kann das z.B. bei Brandschäden werden, da diese ohne geeignete Versicherung schnell teuer werden.

Die beteiligten Personen können einen Gesellschaftsvertrag aufsetzen, in dem sie bestimmte Aspekte näher regeln, z.B. die Frage, was beim Austritt mit investiertem Vermögen passiert. Dieser Gesellschaftsvertrag kann jederzeit geändert werden, es reicht die Unterschrift aller Beteiligten. Wichtig ist, die so

genannte Fortsetzungsklausel in den Gesellschaftsvertrag aufzunehmen. Diese regelt, dass bei Austritt eines Mitgliedes, die
GbR weiterhin besteht - andernfalls erfolgt automatisch die Auflösung.

Eingetragener Verein

Die Gründung eines Vereins ist meist der einfachste, schnellste
und kostengünstigste Weg, eine Food-Coop mit einem juristi-
schen Körper zu versehen. Vor allem aus Gründen der Haftung
ist er einer GbR vorzuziehen: Für Verbindlichkeiten haften nicht
die einzelnen Vereinsmitglieder mit ihrem jeweiligen Privatvermögen, sondern nur der Verein mit dem Vereinsvermögen. Es
gibt zwar Ausnahmen, aber die gelten z.b. nur bei fahrlässigem
Verhalten des Vorstands.

Der eingetragene Verein ist eine vollwertige juristische Person,
er kann also alle geschäftlichen Prozesse abwickeln, die auch
ein Mensch durchführen kann (außer einer Hochzeit vielleicht).
Der Verein kann vor Gericht klagen, aber auch selbst verklagt
werden. Voraussetzung für die Gründung ist eine eigene Vereinssatzung und die Wahl eines Vorstandes, der den Verein nach
außen vertritt. Anschließend erfolgt die Eintragung in das Vereinsregister des zuständigen Amtsgerichts.

Durch die gesetzlich vorgegebene Struktur entsteht, im Ver-
gleich zur GbR, ein zusätzlicher Verwaltungsaufwand. So müssen in bestimmten Abständen Wahlen und Mitgliederversamm-
lungen durchgeführt werden. Zudem haben Vorstandsmitglieder in ihrer Funktion mehr Befugnisse als andere Mitglieder.
Sollte Ihnen daran liegen, dass alle Mitglieder zu jeder Zeit
mitentscheiden können, empfiehlt es sich, die Aufgaben des

Vorstandes in der Vereinssatzung genau zu definieren und für Entscheidungsfindungen eine Variante in die Satzung aufzunehmen, die Ihrem Ziel nahe kommt und gleichzeitig mit der Struktur vereinbar ist.

Nicht eingetragener Verein

Diese Art der Rechtsform liegt dann vor, wenn Personen einen Verein gründen und diesen nicht in das örtliche Vereinsregister eintragen lassen. Ein nicht eingetragener Verein ist zwar keine juristische Person, wird aber dennoch dem eingetragenen Verein weitgehend gleichgestellt. Zwar ist die Gründung schnell vollzogen, doch ist aus Gründen der Haftung diese Rechtform nicht empfehlenswert: Mit dem jeweiligen Privatvermögen haftet immer, wer für den Verein Rechtsgeschäfte abschließt. Wenn mehrere Mitglieder beteiligt sind, haften sie als Gesamtschuldner. Aufgrund der Haftungseinschränkung ist deshalb ein eingetragener Verein die geeignetere Rechtsform.

Genossenschaft

Eine Genossenschaft kann in vielen Punkten mit einem eingetragenen Verein verglichen werden. Allerdings ist sie vom Aufbau und Entwicklungsgeschichte her viel stärker auf kooperatives Wirtschaften ausgelegt als ein Verein. Der Nachteil ist allerdings der viel größere personelle und finanzielle Aufwand für Gründung und Betrieb. Aus diesem Grund ist diese Rechtsform erst ab mehreren Hundert Mitgliedern eine Überlegung wert. Dann kann sie aber ideal sein.

4.11.2 Versicherungen

Eine Food-Coop agiert im öffentlichen Raum und ist somit verschiedenen Bedrohungen und Risiken ausgesetzt. Um die Konsequenzen für einzelne Mitglieder möglichst gering zu halten, können Versicherungen wie Haftpflicht, Inhaltsversicherung (ist vergleichbar mit der Hausratversicherung) und Rechtsschutzversicherung in Betracht gezogen werden. Inwieweit das notwendig, empfehlenswert oder überflüssig ist, sollten Sie innerhalb Ihrer Food-Coop besprechen.

4.11.3 Hygiene

Beim wirtschaftlichen Umgang mit Nahrung gibt es Hygienevorschriften, die beachtet werden müssen. Dies trifft vor allem auf die Lagerung und Verarbeitung von tierischen Produkten zu. Solange Sie eine Bestell- oder Lager-Food-Coop unterhalten, d.h. solange nur interne Mitglieder in der Food-Coop einkaufen, ist das allerdings rechtlich unproblematisch. Relevant sind diese Vorschriften nur beim Verkauf an Personen außerhalb der Food-Coop (Das gilt auch für öffentliche Feste und ähnliches!). Wenden Sie sich in diesem Fall am besten an die örtlichen Handels- oder Handwerkskammern bzw. an das Gesundheitsamt, wenn Sie Details in Erfahrung bringen wollen.

4.12 Wachstum

Es bringt mehrere Vorteile mit sich, die Zahl der Mitglieder einer Food-Coop wachsen zu lassen: Sie können neue und inter-

essante Menschen kennenlernen, unabhängig von der Mitglie-
derzahl anfallende Verwaltungsaufgaben können solidarischer
verteilt werden und die Einkaufsbedingungen verbessern sich
für alle Beteiligten, weil es z.b. immer unproblematischer wird,
die nötigen Gebindemengen zu erreichen. Unter Umständen
können Sie mit den Lieferanten auch bessere Konditionen ver-
abreden, da die regelmäßigen Abnahmemengen wachsen. Und
natürlich kann auch einfach aus politischer Überzeugung diese
kooperative Form des Wirtschaftens gefördert werden.

Ungeachtet der möglichen Gründe ist das zentrale Mittel für
das Erreichen des Ziels eine geeignete Form der Öffentlichkeitsarbeit. Mögliche Varianten wurden in anderem Zusammen-
hang in diesem Buch bereits auf Seite 102 vorgestellt. Ein
Wachstum sollte aber nicht überstürzt werden, wenn besonderer Wert auf das soziale Gefüge der bestehenden Gruppe gelegt wird, denn sonst besteht das Risiko einer zunehmenden
Anonymisierung der Mitglieder untereinander. Außerdem ist es
sinnvoll, bei der Öffentlichkeitsarbeit darauf zu achten, gezielt
auch Personen aus anderen sozialen Kreisen und Szenen an-
zusprechen. Die so gewonnene Vielfalt der Gruppe erhält die
Offenheit für neue Perspektiven und Lösungsmöglichkeiten für
eventuell auftretende Probleme.

Wenn die Food-Coop wächst, dann verändert sich irgendwann
automatisch auch der Aufwand, der in den verschiedenen Arbeitsgruppen anfällt. Es bietet sich an, sich ab und an auf dem
Plenum zu erkundigen, ob einzelne Gruppen Bedarf an weiterer Beteiligung haben. Neue Mitglieder können dann informiert werden, wo besonderer Bedarf besteht. Eventuell kann
das Wachstum soweit gehen, dass das Aufrechterhalten der gewünschten Arbeitsweise schwierig wird. In diesem Fall gibt es

verschiedene Möglichkeiten, mit dieser an sich positiven Situation umzugehen. Der eine Weg ist die Umwandlung zu einer grundlegend anderen Arbeitsweise, z.B. die Wandlung in eine Laden-Food-Coop. Ist dies nicht gewünscht, dann sollten Sie ruhig über eine Aufteilung in zwei eigenständige Gruppen nachdenken. Bestellungen können bei entsprechender Absprache weiterhin zusammen durchgeführt werden, um die Vorteile von Großbestellungen zu erhalten.

Eine Teilung stellt außerdem eine gute Lösungsmöglichkeit für dauerhafte Richtungskonflikte innerhalb einer Food-Coop dar: Vielleicht gibt es inhaltliche Differenzen über die Ausgestaltung, z.B. über die Frage, ob Mitglieder mit einer 40-Stunden-Woche ihre regelmäßigen Arbeitseinsätze durch höhere Mitgliedsbeiträge kompensieren können, der Entscheidung zwischen Bestell- bzw. Lager-Food-Coop und Laden-Food-Coop und so weiter. Vermutlich ist in diesen Fällen eine Trennung für alle Beteiligten zufriedenstellender als ein Kompromiss.

4.13 Auflösung

Aus den verschiedensten Gründen kann aber auch das Gegenteil passieren: Die Food-Coop ist soweit geschrumpft, dass die übrig gebliebene Gruppe sie auflösen möchte. Am wichtigsten ist hier wohl, zuerst die finanzielle Seite der Food-Coop abzuwickeln. Ist die Gruppe Verträge wie z.B. Versicherungen oder Mietverträge eingegangen, dann müssen diese schnellstmöglich gekündigt werden, um die Kosten gering zu halten. Gleichzeitig sollte sich ein Überblick über Kontostand und ausstehende Forderungen oder Verpflichtungen (dazu gehören auch die noch zu zahlenden Raten für die eben erwähnten Verträge) verschafft werden. Bleibt am Ende ein negativer Kontostand übrig, dann muss dieser unter allen Mitglieder aufgeteilt werden. Es muss aber schon über einen längeren Zeitraum viel schief gelaufen sein, wenn es sich um mehr als ein paar Euro handelt. Bleibt hingegen ein Überschuss übrig, dann kann dieser z.b. an eine andere Food-Coop gespendet werden. Für Kleingeräte wie Waagen usw. findet sich in anderen Food-Coops oder sozialen Einrichtungen sicher ebenfalls noch Platz.

Lässt sich aus den Reihen der verbliebenen Mitglieder niemand mehr so recht motivieren, sich um diese Aufgaben zu kümmern, dann kann über eine finanzielle Entschädigung nachgedacht werden, zur Not auch für eine externe, emotional nicht vorbelastete Person. In diesem Fall sollte aber vorher geklärt werden, ob die Finanzen das auch erlauben bzw. die anderen Mitglieder gegebenenfalls zur Bezahlung bereit sind.

Zu guter Letzt ist bei einigen Rechtsformen noch die Austragung aus dem entsprechenden öffentlichen Register notwendig, beispielsweise aus dem Vereinsregister. Auch ist auf eine korrekte Auflösung des Kontos zu achten, solange noch regelmäßiger Kontakt zu den dafür notwendigen Personen besteht (z.B. können das bei einem Verein mehrere Vorstandsmitglieder sein, die gleichzeitig bei der Kontoschließung anwesend sein müssen).

5 ⦿ Über den Tellerrand geschaut

Sie haben nun fast das Ende des Buches erreicht. Wir hoffen, dass Sie durch die Ausführungen womöglich Lust bekommen haben, eine eigene Food-Coop zu gründen. Um das Buch mit weiteren wertvollen Tipps zu ergänzen, finden Sie im Folgenden ein paar Hinweise zu Vernetzungsmöglichkeiten im Internet. Dort können Sie sich mit anderen Menschen über Ihre Anliegen unterhalten und weitere wichtige Tipps erhalten. Des Weiteren bieten wir auf der Webseite zum Buch eine Linksammlung zum Thema sowie aktuelle Nachrichten an.

5.1 Die Bundesarbeitsgemeinschaft

Praktische Vernetzung findet häufig über die vielen privaten Kontakte statt, die Food-Coop-Mitglieder untereinander haben. Im deutschsprachigen Raum gibt es zudem die Bundesarbeitsgemeinschaft der Lebensmittelkooperativen (FC BAG). Diese „versteht sich als unabhängige Interessenvertretung der in ihr organisierten Lebensmittelkooperativen aus dem Bundesgebiet. Sie strebt eine Zusammenarbeit mit anderen Organisationen an und koordiniert die bundesweite Zusammenarbeit von Lebensmittelkooperativen, fördert den Informations- und Erfahrungsaustausch unter den Mitgliedern und bietet Entstehungshilfen für Kooperativen an. Die FC BAG verpflichtet ihre Mitglieder nicht zu Handlungen oder Richtlinien, die den Rahmen ihrer Möglichkeiten überschreiten. Die einzelnen Kooperativen bleiben autonom, soweit sie sich auf den formulierten gemeinsamen Grundsätzen bewegen." Die Ziele der BAG umfassen die „Förderung des kontrolliert biologischen Anbaus", „Förderung umweltfreundlicher, ressourcenschonender und ernährungsphysiologisch wertvoller Verarbeitung von Lebensmitteln" und „Förderung von ökologisch-bewusstem Alltagsverhalten durch Verpackungsvermeidung, Transportwegminimierung und Bezug von Saisongemüse aus der Region, an Stelle von Importen dieser Produkte". Ein weiteres Ziel ist die „Entwicklung kooperativen Denkens und Handelns zwischen Erzeugern und Verbrauchern durch Intensivierung des Kontakts auf privater und geschäftlicher Ebene. Dies könnte z.B. geschehen durch Absprachen bei der Bedarfsplanung, durch Abnahmegarantien, Betriebsbesichtigung und Ernte- und Anbauhilfen. Schaffung eines kritischen Bewusstseins bei Erzeugern und Verbrauchern für eine gesunde vollwertige Ernährungsweise [. . .], sowie für ökologische Anbaumethoden." (aus den Zielen der FC BAG)

Im Rahmen der FC BAG wurden Gutachten, Diplomarbeiten und ein Handbuch rund um das Thema Food-Coops publiziert. Darüber hinaus werden jährliche Treffen organisiert, die für überregionalen Austausch sorgen. Somit bildet sie eine gute Anlaufstelle für Gründungsinteressierte. Im Internet leicht zu finden unter ❹ www.foodcoops.de, dort sind auch einige Materialien und Hilfestellungen verfügbar.

5.2 Foodcoopedia

Eine exzellente Anlaufstelle im Internet ist das Foodcoopedia-Wiki. Dort finden sich viele Adressen von aktiven und auch schon wieder inaktiven Food-Coops, so dass sie leicht kontaktierbar sind. Der Name lässt es schon erahnen, Foodcoopedia funktioniert nach dem gleichen Prinzip wie Wikipedia, der größten gemeinschaftlich erstellten Enzyklopädie. Die Informationen werden in Form eines Wikis gesammelt. Diese sind offen für jede Mitarbeit. Im Gegensatz zu klassischen Webseiten können alle Inhalte nicht nur betrachtet, sondern auch verändert und neue hinzugefügt werden. So kam auch Henrik Hempelmann auf die Idee, die uralte Liste der Berliner Food-Coops nicht mehr von Hand weiter zu pflegen und rief Foodcoopedia ins Leben. Durch die verteilte Mitarbeit sind enthaltene Informationen meistens aktueller und umfangreicher als auf individuell betreuten Webseiten.

Mit Foodcoopedia werden Food-Coop-Mitglieder im Austausch untereinander und in ihrer Erfahrungsweitergabe gestärkt. Neugierig Gewordenen wird darüber ein erster Zugang und Überblick ermöglicht. Auf kooperative Weise wird in dem Wiki viel Wissen von und über Food-Coops gesammelt und aktuell gehalten. So ist seit 2004 eine umfangreiche Sammlung von Food-Coops, Lieferanten, Herstellern und allgemeinen Informationen entstanden. Das Prinzip des gemeinsamen Agierens in einer Food-Coop setzt sich also auch im Internet bei Foodcoopedia fort, zu finden unter ❸ www.coops.bombina.net/wiki/Hauptseite.

5.3 Literaturempfehlungen

Mit Hilfe der folgenden Literaturempfehlungen können Sie in bereits angesprochene Themen tiefer einsteigen.

[1] Bundesarbeitsgemeinschaft der Lebensmittelkooperativen e.V. (Hrsg.):
Das Food-Coop Handbuch. gemeinsam ökologisch handeln.
Bochum, 2000. ISBN: 3000053719

[2] Ehmke, Malte:
Konzeption eines online gestützten Warenverwaltungs- und Bestellsystems
VDM - Verlag Dr. Müller, 2008. ISBN: 3639011929

[3] Werkstatt für Gewaltfreie Aktion, Baden (Hrsg.):
Konsens - Handbuch zur gewaltfreien Entscheidungsfindung.
Eigenverlag, 2004. ISBN: 3930010070

[4] Knoll, Jörg:
Kurs- und Seminarmethoden: Ein Trainingsbuch zur Gestaltung von Kursen und Seminaren, Arbeits- und Gesprächskreisen.
Beltz Verlag, 2007. ISBN: 3407364466

[5] Joachim Lehmann:
Wie gründe ich einen Verein: Eine praxisorientierte Anleitung zur Vereinsgründung.
Praxis-Gesellschaft für Weiterbildung, 2005. ISBN: 398087785X

6 ⦂ Schlussworte

Eine Food-Coop ermöglicht den einfachen Einkauf von fair und ökologisch hergestellter Ware. Das kommt den Produzenten der Produkte zugute, denn sie werden für ihre Arbeit besser bezahlt und haben weniger Kontakt mit gesundheitsschädlichen Mitteln. Gleichzeitig haben die Mitglieder der Food-Coop Zugang zu günstiger und guter Nahrung und können diesen Zugang gemeinschaftlich organisieren. Dieses Buch wurde mit dem Ziel geschrieben, einen möglichst detaillierten, nachvollziehbaren und praktischen Einstieg in die Gründung einer Food-Coop zu ermöglichen. Wir hoffen, dieses Ziel erreicht und Sie so bei Ihrer Gründung unterstützt zu haben.

6.1 Dank

Unser Dank gilt allen, die uns während der Konzeption und Realisierung dieses Buches unterstützt haben. In ungeordneter Reihenfolge danken wir besonders den Mitgliedern der Rostocker Food-Coop für die intensiven Interviews, Henrik Hempelmann und Thomas Albrecht für ihre Gedanken zur Foodcoopedia. Antje Petersen für das Lektorat, Christoph Weinmann für den historischen Abriss zu Food-Coops, Phillip Dönch für die Ausführungen zur Community Supported Agriculture, Benjamin Meichs-

123

ner für den Exkurs über die Foodsoft und der Norddeutschen Stiftung für Umwelt und Entwicklung für die finanzielle Förderung dieses Projekts. Abschließend herzlichen Dank an alle namentlich nicht erwähnten, die uns mit ihrer konstruktiven Kritik unterstützt und motiviert haben.

6.2 Lizenz

Dieses Buch ist unter der Creative-Commons-Lizenz *Namensnennung-Weitergabe unter gleichen Bedingungen 3.0 Deutschland* veröffentlicht. Diese Lizenz gestattet Ihnen, das Werk zu vervielfältigen, zu verbreiten und öffentlich zugänglich zu machen, sowie Abwandlungen bzw. Bearbeitungen des Inhaltes anzufertigen. Dabei gelten die folgenden Bedingungen:

Namensnennung
Sie müssen den Namen Sense.Lab e.V. erwähnen.

Weitergabe unter gleichen Bedingungen
Wenn Sie den lizenzierten Inhalt bearbeiten oder in anderer Weise umgestalten, verändern oder als Grundlage für andere Inhalte verwenden, dürfen Sie die neu entstandenen Inhalte nur unter Verwendung von Lizenzbedingungen weitergeben, die mit denen dieses Lizenzvertrages identisch, vergleichbar oder kompatibel sind. Im Falle einer Verbreitung müssen Sie anderen die Lizenzbedingungen, unter welche dieses Werk fällt, mitteilen. Jede der vorgenannten Bedingungen kann aufgehoben werden, sofern Sie die Einwilligung des Rechteinhabers dazu erhalten. Diese Lizenz lässt die Urheberpersönlichkeitsrechte unberührt. Details dazu finden Sie im ausführlichen Lizenztext

unter 🌐 www.creativecommons.org/licenses/by-sa/3.0/de/legalcode.

Die Rechte an dem Logo der Bingo! Umweltlotterie (auf Seite 4) liegen beim Norddeutschen Rundfunk. Die Bilder des Buchcovers stammen von jakeliefer, Peter Hellberg und Vaidy Krishnan und sind über die Webseite 🌐 www.flickr.com erhältlich.

7 ⋮ Anhang

7.1 Anbauverbände

Als Anbauverband wird ein Zusammenschluss von biologisch wirtschaftenden Bauern, Verarbeitern und anderen landwirtschaftlichen Produzenten bezeichnet. Ziel ist die Förderung der gemeinsamen Vermarktung und Kontrolle der Verbandsware. Der erste Anbauverband war der 1924 gegründete Demeter-Verband. Die Anforderungen an die Mitglieder gehen teilweise deutlich über die EG-Öko-Verordnung hinaus.

Auf den jeweiligen Internetseiten finden Sie umfangreiche Informationen und Kontaktdaten zum jeweiligen Anbieter:

Biokreis: www.biokreis.de
Bioland: www.bioland.de
Biopark: www.biopark.de
Demeter: www.demeter.de
Gäa e.V.:   www.gaea.de
Naturland: www.naturland.de

7.2   Beispielvorlagen

Bestellzettel

 Food-Coop Klammeraffee

Bestellung & Abrechnung

	Alice Mason
Datum	11.03.2009

Produkt	Menge	Preis/Stck	Betrag
Weizenvollkornbrot	1		2,38
Aufstrich Nuss-Paprika	2	1,86	3,72
Tomaten			0,53
Kiwi	5	0,26	1,30
Zahnpasta	1		1,43
Tomatenmark	3	1,06	3,18
Vollmilch + Pfand	2	1,21	2,42
Joghurt Heidelbeere + Pfand	1		1,31
		Summe 1	16,27

Pfandrückgabe	Menge	Betrag
0,08 €	1	0,08
0,15 €	2	0,30
0,25 €		
	Summe 2	0,38

Gesamtbetrag (1 - 2)	15,89

Bestellliste für Frischwaren

 Food-Coop Klammeraffee

Bestellliste für Frischwaren   *Bestellung zum 01.06.2009*

Produkt	Alice	Bob	Fred	Friedel	Martina	Mike	Steffen	Zander
					Anzahl			
Vollmilch 1 Liter	2							
fettarme Milch 1 Liter		1						
Butter Sauerrahm 250g		1						
Butter Süßrahm 250g								
Magarine 250g								
Joghurt pur 1 Liter								
Roggenbrot	1	1						
Weizenvollkornbrot		2						
Weizendinkelbrot								
Doppelsemmel	4							
Schnittbrötchen		6						
Möhren (Kilo)		1						
Salatgurke (Stück)	2							
Bananen klimaneutral (Kilo)	1							
Äpfel Topaz (Kilo)		3						

Bestellliste für Trockenwaren

Food-Coop Klammeraffee

Bestellliste für Trockenwaren

Lieferant: Bioplus

Bestellung zum   01.06.2009

Seite	Bestell-Nr.	Gebinde	Produkt	Alice	Bob	Martina								Anzahl
25	36739	12	Cornflakes	6		4								
73	40102	6	Dijon-Senf		2									
74	40276	6	Tomatenmark 250ml		2									

Kontoblatt

 Food-Coop Klammeraffee

Kontoblatt

Alice Mason

Datum	Vorgang	+ / -	Betrag	Guthaben
25.02.2009	Kaution eingezahlt	+	50,00	50,00
27.02.2009	Einzahlung Guthaben	+	100,00	150,00
04.03.2009	Einkauf	-	43,47	106,53
11.03.2009	Einkauf	-	15,89	90,64

Bitte nummeriere deine Kontoblätter fortlaufend!   Blatt Nr. | 1 |

Arbeitszeitkonto

 Food-Coop Klammeraffee

Arbeitszeitkonto

| Bob Kiz |

Datum	Vorgang	+ / -	Stunden	Summe
April 2009	Pflichtstunden	-	2	-2
22.04.2009	Kisten packen, Gruppe 4	+	3	1
Mai 2009	Pflichtstunden	-	2	-1
20.05.2009	Kisten packen, Gruppe 4	+	3	2
30.05.2009	Neue Regale gebaut	+	5	7

Bitte nummeriere diese Blätter fortlaufend! Blatt Nr. | 1 |

Schwundbuch

 Food-Coop Klammeraffee

Schwundbuch

Datum	Produkt	Hinweis	Betrag
04.03.2009	Orangen	verschimmelt	0,47
04.03.2009	Nudeln	Haltbarkeitsdatum abgelaufen, 1/2-Preis	0,50
11.03.2009	Paprika	schlechte Stellen (Lieferschaden)	0,63

Teilnahmeliste

Food-Coop Klammeraffee

Teilnahmeliste von [   ]

Eintritt am: _____

Höhe der Einlage: _____
Einlage gezahlt am: _____

Telefonnummer: _____
E-Mailadresse: _____

Austritt am: _____
Einlage erstattet am: _____

8 ∶ Eigene Anmerkungen

8 Eigene Anmerkungen